Eduard Duller

Die Jesuiten

REPRINT – VERLAG
LEIPZIG

Die zum Teil geminderte Druckqualität ist auf den Erhaltungszustand der Originalvorlage zurückzuführen.

Die Deutsche Bibliothek – CIP-Einheitsaufnahme

Ein Titeldatensatz für diese Publikation ist bei Der Deutschen Bibliothek erhältlich.

Volker Hennig, Goseberg 22-24, 37603 Holzminden
www.reprint-verlag-leipzig.de
ISBN 3-8262-0407-7

Reprintauflage der Originalausgabe von 1845
nach dem Exemplar der Universitätsbibliothek Leipzig
(Signatur: 51-5477)

Lektorat: Andreas Bäslack, Leipzig
Einbandgestaltung: Jens Röblitz, Leipzig
Gesamtfertigung: PögeDruck, Mölkau

Die Jesuiten,

wie sie waren und wie sie sind.

Dem deutschen Volk erzählt

von

Eduard Duller.

„An ihren Früchten werdet ihr sie erkennen."

Berlin. 1845.

Verlag von Carl J. Klemann.

Dem deutschen Volk

und

seinen Fürsten!

Vorwort.

Zur selben Zeit, als durch die Reformation die große Macht des Papstthums erschüttert, die lang unterdrückte Geistesfreiheit gerettet und die ewige Menschenwürde glorreich anerkannt worden war, zur selben Zeit wurde ein geistlicher Orden gestiftet, welcher die „Gesellschaft Jesu" oder der Jesuitenorden hieß, und dessen Zweck darauf ausging, das Ansehen des Papstthums zu stützen, den römischen Katholicismus auszubreiten, die Geistesfreiheit zu vernichten und das Bewußtsein der Menschenwürde wieder zu ersticken. Im Jahre 1840 waren es gerade dreihundert Jahre, seit der Jesuitenorden vom Papste feierlich bestätigt worden ist; dreihundert Jahre lang währt nun sein Kampf gegen den Protestantismus, ein Kampf der Finsterniß gegen das Licht, ein Kampf der Lüge gegen die Wahrheit, ein Kampf der Tyrannei gegen die Freiheit, welcher in der ganzen Weltgeschichte beispiellos ist. Er dauert noch heutigen Tages fort; ja, mit erneuerter Anstrengung, Kühnheit und List wird er jetzt von seinen geistlichen Mitgliedern und seinen zahlreichen weltlichen Verbündeten fortgeführt, welche sowohl mit offener Gewalt als auch mit der Kraft der Verführung für die Ausbreitung der Ordensherrschaft und der Ordensmoral, nicht blos in katholischen, sondern auch in protestantischen Ländern wirken. Wahrlich: die Gefahr ist jetzt größer als je! Und dieser Kampf wird so lange dauern als der Jesuitenorden selbst. Hunderttausende von Menschen sind dadurch elend geworden, Ströme Menschenbluts sind dadurch geflossen, ganze Völker voll der herrlichsten Fähigkeiten in ihrer geistigen und sittlichen Entwickelung aufgehalten worden — alles unter dem Vorwande: „zur größeren Ehre Gottes!" Wie eine Gotteslästerung schallt diese Losung durch die Weltgeschichte.

Wie war es aber möglich, daß der Jesuitenorden eine so ungeheure Gewalt erlangen konnte? Wie ist es möglich, daß er sie noch heutzutage behauptet? So fragt sich der Menschenfreund; und dir, o deutsches Volk, dir thut es insbesondere Noth, dies zu wissen. Denn aus dem innersten Wesen deines Geistes entsprang ja eben die Reformation, auf deren Vernichtung der Jesuitenorden ausgeht; dieser bekämpft die schönsten Eigenthümlichkeiten deines Charakters — Freiheitsliebe, Treue und Wahrheitsdrang; er untergräbt deine Eintracht und bürgerliche Ordnung, er bedroht deine ganze Selbstständigkeit, indem er die unantastbare heilige Majestät des Staates nicht anerkennt. Drum wache, edles deutsches Volk, und lerne deine Feinde kennen, um dich gegen ihre List vertheidigen zu können. Du hast den triftigsten Grund, vor derselben auf der Hut zu sein, und dem Verderber deiner Sittlichkeit, dem Feinde deiner Unabhängigkeit deine ganze Wachsamkeit, deine volle Mannskraft entgegenzusetzen. Nicht einen Fußbreit Platz auf der heiligen Erde des Vaterlands darfst du ihm gläubig gönnen, sonst gelingt es ihm, die ganze zu umspinnen, zu beherrschen und zu entweihen. Jetzt ist es Zeit, daß das deutsche Volk und die deutschen Fürsten in der Wahrheit fest aneinanderhalten und sich wechselseits stärken und stützen durch die redlichste Treue, daß beide klar erkennen: „Was dem einen Theil Gefahr bringt, bedroht auch den andern.“ Daß diese Erkenntniß immer allgemeiner erweckt, daß dieser Bund der Treue immer fester werde, — dazu beizutragen, ist jedes Vaterlandsfreundes heilige Pflicht. Zu diesem Zwecke ist auch die vorliegende Schrift abgefaßt worden; nicht für Gelehrte, sondern für's Volk; sie enthält keine neue Forschungen, sondern blos alte Wahrheiten, und möchte Herzen erwärmen, so wie sie aus einem Herzen kommt, das voll der wärmsten Liebe für's Volk, voll des Stolzes auf die Ehre des deutschen Namens ist und bis zum letzten Schlage nach dem Ziele hinstreben wird, daß Vertrauen und Einigkeit, Wahrheit und Sittlichkeit im Volk, daß ein inniges Zusammenhalten von Fürsten und Volk, auf Treu' und Recht gestützt, die Grundfesten der deutschen Staaten bleiben, über denen einst die Sonne einer großen Zukunft aufgehen möge!

Erstes Kapitel.

Von der Stiftung des Jesuitenordens.

Der Stifter des Jesuitenordens ist ein spanischer Edelmann gewesen, mit Namen Innigo oder Ignaz von Loyola.

Er war der Sohn des Ritters Bertram, Herrn von Loyola und Ogne, und der Mariana Saez de Licona und Balda, der jüngste von acht Brüdern, im Jahre 1491 auf dem Schlosse Loyola in der Landschaft Guipuzcoa geboren, und wurde am königlichen Hofe Ferdinands des Katholischen als Edelknabe erzogen. Da war ein üppiges Leben, das ihm gar wohlgefiel, aber sein ungestümer Ehrgeiz verleidete ihm bald das eitle und müßige Treiben am Hofe, und, nachdem er die Kriegskunst bei dem Herzog von Najera, einem Verwandten seines Hauses, erlernt hatte, suchte er sich in Kämpfen und Abenteuern hohen ritterlichen Ruhm zu erwerben.

Nun begab es sich im Jahre 1521, daß die Franzosen Pampeluna, die Hauptstadt des Königreiches Navarra, belagerten. Die Feinde setzten der Besatzung so hart zu, daß sie sich schon auf Bedingungen ergeben wollte. Aber der tapfre Ignaz von Loyola, welcher auch bei der Besatzung war, rief zornentbrannt seinen Kameraden zu: „Pfui der Feigheit, sich so leichten Kaufs ergeben zu wollen!“ und zog sich mit wenigen Braven in die Citadelle zurück, des Willens, diese bis zum letzten Blutstropfen zu vertheidigen. Als nun die Franzosen die Citadelle stürmten, stürzte ihnen Loyola, den Degen in der Faust, mit einem kleinen Häuflein entgegen und focht begeistert Allen voran, bis er, durch einen Schuß am Bein gefährlich verwundet, betäubt zu Boden sank. Da verloren die Andern die Hoffnung und übergaben die Citadelle den Franzosen. Diese aber ehrten Loyola's Heldenmuth hoch und verpflegten ihn getreulich in Pampeluna.

Nach einigen Tagen ließ sich Loyola zur Heilung seiner Wunde auf sein väterliches Schloß bringen. Dort mußte er eine sehr schmerzhafte Operation aushalten und ertrug sie standhaft, ohne auch nur einen Laut auszustoßen. Hingegen war es ihm viel peinlicher, daß sein Fuß nur langsam heilte; er konnte nicht gehen noch stehen, und doch sehnte sich sein feuriger Geist ungeduldig nach Thaten. Indem er nun so an das Krankenbett gefesselt war, und noch dazu von dem Gedanken gefoltert wurde, zeitlebens hinken zu müssen und zu allen ritterlichen Thaten untüchtig zu sein, suchte er seinen Unmuth durch Lesung von Büchern zu zerstreuen. Man gab ihm in Ermangelung von Ritterromanen, deren Lesung seine Einbildungskraft früher mächtig angeregt hatte, und nach welchen er jetzt verlangte, — außer dem Leben des Heilands die „Blumen der Heiligen", Legenden, welche mit vielen Abenteuern und Wundern ausgeschmückt waren. Eben dies Abenteuerliche und Wunderbare zog nun seine glühende Einbildungskraft gar mächtig an; er las immer eifriger von den Verfolgungen der Blutzeugen Christi, von den seltsamen Bußübungen und Kasteiungen der Mönche und Einsiedler. Da ward er ganz und gar davon hingerissen. Weil er selbst ein muthiger und standhafter Mann war, so begeisterten ihn der Muth und die Standhaftigkeit der Märtyrer um so mehr. Der ewige Lohn, welchen diese und die Mönche und Einsiedler dafür empfingen, nämlich die Verehrung in der ganzen Christenheit, entzündete seinen Ehrgeiz; die lebhafte Beschreibung der teuflischen Versuchungen und der himmlischen Erscheinungen, welche jenen Frommen zu Theil geworden, versetzte sein durch die Krankheit ohnehin aufgeregtes Gemüth in die äußerste Spannung. In diesem Zustande wurde er von glühender Begeisterung ergriffen, jene Beispiele nachzuahmen. Alle Eigenschaften seiner Seele richteten sich an diesem einzigen Gedanken empor, welcher ihn jetzt beherrschte; seine ganze Willens- und Thatkraft umklammerte diese Begierde. Und so wurde seine religiöse Begeisterung bald zur Schwärmerei, welche ihn bald so gänzlich beherrschte, daß er sich einst des Nachts verzückt dünkte und glaubte: die Himmelskönigin Maria sei ihm leibhaft erschienen. Da erwählte er sie zur Dame seines Herzens und schwur ihr, er wolle ihr bis in den Tod auf Erden ritterlich dienen. Sodann nahm er sich vor, sobald er völlig genesen sei, der Welt zu entsagen und als ein ganz neuer Mensch, als geistlicher Ritter, auszuziehen, um die Menschen zu bekehren. Zunächst wollte er nach Jerusalem pilgern, um die Muselmänner zu bekehren.

Nachdem er nun ziemlich genesen war, zog er aus seinem väterlichen Schlosse zu einem als wunderthätig verehrten Muttergottesbilde im Kloster Montserrat, welches eine Tagreise weit von der Stadt Barcelona auf einem Gebirge voll schroffer Klippen liegt. Vor jenem Bilde hängte Loyola andächtig seine Waffen auf und that nach ritterlichem Brauch eine Nacht lang seine Waffenwache. Dann zog er nach Barcelona, um sich dort nach dem gelobten Lande einzuschiffen. Zu jener Zeit war aber daselbst die Pest ausgebrochen und dadurch wurde Loyola abgehalten, seinen Vorsatz auszuführen; doch er gab ihn deswegen keineswegs auf. Und er zog einstweilen nach Manreza, um dort, nach dem Vorbild der Heiligen, ein strenges Büßerleben zu führen und sich durch Weltentsagung seines künftigen Berufes würdig zu machen. Da bettelte er denn vor den Thüren um sein Brod, pflegte die Kranken im Spital, kasteiete seinen Leib durch Fasten und Geißelhiebe, und suchte seinen höchsten Stolz darin, sich auf's Tiefste vor der Welt zu demüthigen. In schlechte Lumpen gehüllt, unter welchen er eine eiserne Kette und einen Stachelgürtel um den bloßen Leib trug, mit Schmutz bedeckt, mit langen Nägeln und wilden, ungekämmten Haaren ging nun der Mann umher, welcher einst am königlichen Hof in Sammt und Seide um Frauengunst gebuhlt, welcher im blanken Harnisch stets der Erste gewesen war, wo es galt, in Gefahren Ruhm zu verdienen. Lange Zeit war eine finstre Bergeshöhle in der Nachbarschaft von Manreza sein Aufenthaltsort. Am Eingange derselben fand man ihn einst von Fasten und Kasteiungen ganz entkräftet und halb todt liegen und brachte ihn nach Manreza. Bei dieser Lebensweise hatte nicht blos sein Körper, sondern auch sein Geist sehr gelitten. Wenn sich in ihm wieder einmal der gesunde Verstand regen wollte und ihm Zweifel kamen über sein absonderliches Leben und Streben, so hielt er diese für Eingebungen des Teufels, welcher ihn um die Heiligkeit beneide. Ebenso wurden, in Folge seiner Körper- und Geisteskrankheit, seine Einbildungen himmlischer Erscheinungen immer zahlreicher und diese Geschöpfe seiner Phantasie bestärkten den stolzen Schwärmer immer mehr in seinem Wahn. So glaubte er einst in der Hostie den menschgewordenen Gott leiblich zu schauen, und ein anderes Mal sogar die Dreifaltigkeit sichtbar wahrzunehmen.

Unter solchen Selbsttäuschungen, welche nicht bloß den gereizten Zustand seiner Einbildungskraft, sondern auch das inbrünstige Streben und Ringen seines Gemüths: in die Geheimnisse der Religion einzudringen, und sich mit Gott zu vereinigen, erkennen lassen, hatte Ignaz von Loyola ungefähr ein Jahr in Manreza verlebt, und reiste im Jahre 1523 nach Barcelona ab. Daselbst bestieg er, von allen Geldmitteln entblößt, aber voll des festesten Vertrauens, ein Schiff, welches ihn in fünf Tagen an die welsche Küste nach Gaeta brachte. Bleich und krank zog er von Gaeta durch Italien bis gen Venedig hinauf, wo er sich nach dem gelobten Lande einschiffte. Er erreichte dasselbe glücklich und begab sich eifrig nach Jerusalem, um dort die Türken zu bekehren. Aber der Provinzial des dortigen Franziskanerklosters ermahnte ihn davon abzustehen; und, als Ignaz seinen Vorsatz dennoch nicht aufgeben wollte, bedrohte ihn jener mit dem Banne. Da mußte Ignaz denn nach Europa zurückkehren, ohne seine abenteuerlichen Bekehrungspläne in's Werk gesetzt zu haben.

Er kam im Jahre 1524 wieder in Barcelona an. Doch sein Muth war keineswegs gebeugt; er wurde verspottet, aber aller Spott spornte seinen schwärmerischen Muth nur noch schärfer an. Er beharrte standhaft auf dem Vorsatze: für den alleinseligmachenden Glauben ritterlich zu kämpfen und als tapfrer Kriegsmann seiner hohen Dame, der Himmelskönigin Maria, überall Seelen zu erobern. Aber nicht mehr bei den Ungläubigen, sondern mitten in der Christenheit selbst wollte er fortan wirken; denn die Bekehrung der Ketzer schien ihm ebenso verdienstlich. Zu diesem geistigen Kampfe fehlte ihm jedoch, so muthig er auch war, alle gelehrte Bildung. Er sah dies ein und beschloß nun, wiewohl er damals schon ein Mann von 33 Jahren war, alles, was er in seiner Jugend versäumt hatte, von Grund aus nachzuholen. Das führte er denn auch mit einer Beharrlichkeit aus, welche von der Größe seiner Willenskraft Zeugniß giebt, mit einer Selbstverleugnung, wie sie nur aus Begeisterung entspringen kann. Der weiland tapfre Kriegsmann setzte sich in Barcelona mitten unter die kleinen Knaben auf die Schulbank und fing an, lateinisch zu lernen, was ihm anfangs gar schwer fiel. Nach zwei Jahren (1526) zog er nach Alcala auf die hohe Schule, um dort Theologie zu studiren. Dort fing er an, neben seinen Studien zu predigen und Frauen zu einem klösterlich-gottseligen Leben anzuleiten. Auch suchte er Jünger um sich zu versammeln, wie dies allen Schwärmern eigen ist; denn, da sie jenen Glauben, in welchem sie selbst glücklich sind, für den allein wahren und allein glücklichmachenden halten, so streben sie, auch alle übrigen Menschen zu demselben zu bringen. Loyola's Jünger trugen, wie er selbst, graue Friesröcke, erbettelten ihr Brod und stellten unter seiner Leitung sogenannte „geistliche Uebungen" an. Er aber dünkte sich, als ihr Meister, eben so groß, als ob er eine Schaar Soldaten in's Feld führe. Denn das höchste Ziel seines geistlichen Ehrgeizes bestand nun darin, einen neuen geistlichen Orden zu stiften. Bald wurde jedoch die Inquisition auf das auffallende Treiben Loyola's und seiner Jünger aufmerksam; sie ließ ihn gefangen nehmen und gab ihn nur unter der Bedingung wieder frei, wenn er vom Predigen und Bekehren abstünde. Ebenso ging es ihm in Salamanca. Da verließen ihn seine Jünger. Aber alle Hindernisse hatten nur den Einfluß auf ihn, daß seine Verstandeskräfte wieder geschärft wurden und gleichsam das Joch seiner übermächtigen Phantasie abwarfen. Kurz, der trübe Rauch seiner Schwärmerei verflog allmählig, aber die Flamme seiner religiösen Begeisterung brannte fort und fort und durchleuchtete seinen ganzen Charakter. Er verließ voll festen Entschlusses sein Vaterland und zog im Jahre 1528 nach Paris.

Dort setzte er seine Bußübungen, seine Bekehrungsversuche und seine Studien fort, trotz der bittersten Armuth und mancher drohender Demüthigung mit unglaublicher Beharrlichkeit, und erhielt im Jahre 1532 die Würde eines Bakkalaureus, zwei Jahre später die eines Magisters der Philosophie; dabei hatte er aber immer sein höheres Ziel, nämlich die Stiftung eines neuen geistlichen Ordens fest im Auge. Kein Mißgeschick machte ihn irre oder schreckte ihn ab.

Und es gelang ihm endlich durch Klugheit und Beharrlichkeit, in Paris mehrere Männer von großen Fähigkeiten für seinen Plan zu gewinnen. Es waren: Peter Faber oder Lefèvre (aus Savoyen), Franz Xaver (aus Navarra), Jakob Lainez, Alfons Salmeron, Nikolaus Bobadilla (alle drei Spanier) und Simon Rodriguez (aus Portugal). Von diesen war Lefèvre der Frommste, Franz Xaver der Thatkräftigste und Jakob Lainez der Klügste. Mit diesen Männern, deren Zahl sich bald durch den Beitritt von drei anderen Freunden, Claudius Le Jay, Johannes Codurio und Paschasius Broet, vermehrte, ging Ignaz von Loyola am 15. August 1534 in die unterirdische Kapelle der Kirche Montmartre vor Paris; es war das Fest der Himmelfahrt Mariä, jener Königin aller Engel und Heiligen, von welcher Ignaz von Loyola den Ruf seiner Sendung erhalten zu haben glaubte; ihr war jene unterirdische Kapelle geweiht. Dort las Lefèvre, welcher schon die Priesterwürde erhalten hatte, den Freunden die Messe und reichte ihnen das Abendmahl. Und alle thaten dabei folgendes feierliche Gelübde: „Wir wollen der Welt entsagen und nach Vollendung unsrer Studien gen Jerusalem ziehen, um die Ungläubigen zu bekehren. Vermögen wir aber dies nicht binnen Jahresfrist, so werfen wir uns dem heiligen Vater in Rom zu Füßen und bieten ihm unsre geistlichen Dienste an, auf daß er uns als seine getreuen Knechte überall hinsende und zu Allem gebrauche, was ihm gutdünken mag."

Nicht lange darnach unternahm Loyola eine Reise nach Spanien, um dort sowohl (nach dem Rathe der Aerzte) seine durch Fasten und Kasteiungen zerrüttete Gesundheit herzustellen, als auch mehrere Geschäfte seiner Bundesbrüder Xaver, Lainez und Salmeron zu besorgen. Bevor er sich jedoch von seinen Genossen trennte, versprachen sich alle wechselseitig, zu Anfang des Jahres 1537 in Venedig zusammen zu kommen, um dann ihren gemeinsamen Plan ins Werk zu setzen. Und richtig fanden sich Loyola und seine Freunde, deren Zahl sich bereits vermehrte, zur bestimmten Zeit in Venedig ein. Sie pflegten dort die Kranken in den Spitälern und predigten dem Volke; aber Loyola's Plan zur Reise nach Jerusalem und zur Bekehrung der Ungläubigen wurde vereitelt, weil ein Krieg zwischen der Republik Venedig und den Türken ausgebrochen war. Da berief Loyola seine Jünger nach Vicenza zusammen und sprach zu ihnen: „Freunde, es ist Gottes Wille, daß wir nicht nach Jerusalem fahren sollen, auf daß wir die andre Hälfte unsres Gelübdes erfüllen und dem heiligen Vater in Rom getreulich dienen können. Denn die römisch-katholische Kirche wird in dieser unheilvollen Zeit durch Ketzereien schwer bedrängt und bedarf eifriger Streiter!“ Da beschlossen die Brüder, daß Loyola mit dem frommen Lefèvre und dem klugen Lainez nach Rom ziehen und dem Papste ihre Dienste anbieten sollten, während sich die Uebrigen auf den italienischen Universitäten vertheilen sollten, um neue Mitglieder für ihre Verbindung zu gewinnen. Hierauf empfing Loyola in Venedig die Priesterweihe und zog dann mit Lefèvre und Lainez nach Rom. Als sie nun dieser Stadt näher kamen, wurden die beiden Gefährten kleinmüthig; nur ihr Meister Loyola verzagte nicht; durchdrungen von der Ueberzeugung, daß sein Plan gelingen müsse, betete er in einer einsamen Kapelle vor Rom und glaubte, in Verzückung, Gott Vater und dessen eingebornen Sohn Jesum Christum zu schauen und die Worte Jesu zu hören: „In Rom will ich Dir gnädig sein!“ Dies erzählte er seinen Brüdern und sie bekamen dadurch wieder frischen Muth.

Und siehe: in Rom ging Loyolas Verheißung in Erfüllung. Der Papst Paulus III. war hocherfreut über den Beistand, welcher der römischen Kirche so unerwartet zu statten kam, denn sie war damals durch die Reformation, welche immer weiter um sich griff, in gar großer Bedrängniß; ja ihre ganze Existenz stand in Gefahr, und die Mönchsorden, welche bis dahin die Stützen des Papstthums gewesen waren, konnten demselben jetzt gar wenig mehr nützen; denn die Mönche waren zum Theil ausgeartet, träg und dumm, zum Theil als grausame Ketzerrichter verhaßt; auch waren die Völker in Verstandesbildung weit vorgeschritten und ließen sich so leicht weder durch Bann und Interdikt des Papstes mehr schrecken, noch durch plumpe mönchische Vorspiegelungen mehr täuschen. Die römische Kirche brauchte zu ihrer Vertheidigung kluge, feingebildete und treuergebene Männer. Und solche waren Loyola's Freunde. Deshalb nahm der Papst den eifrigen Loyola freundlich und gnädig auf und beschloß, dessen Anerbieten reiflich zu prüfen. Loyola säumte nicht, die Gewogenheit des Papstes zu benutzen; er berief deshalb alle seine Gefährten nach Rom und berieth mit ihnen den Entwurf der Verfassung des neuen Ordens. Bei diesen Berathungen übte wahrscheinlich der kluge Lainez einen entscheidenden Einfluß aus. Um nun den Papst ganz und gar für den neuen Orden einzunehmen, wurde den drei gewöhnlichen Mönchsgelübden, nämlich denen der Armuth, der Keuschheit und des Gehorsams gegen den Ordensobern, noch ein viertes beigefügt, nämlich das Gelübde eines besonderen unbedingten Gehorsams gegen den Papst. Nun handelte es sich nur noch um den Namen, welchen der neue Orden erhalten sollte. Da sprach Ignaz hochbegeistert zu seinen Brüdern: „Als ich in der Höhle bei Manreza anbetend auf den Knieen lag, hat Jesus selbst mir den Plan unsers Ordens gnädig geoffenbart; Jesus erschien mir in der Kapelle, als wir gegen Rom zogen, und verhieß uns seinen göttlichen Beistand. Folglich ist der Orden eigentlich Jesu Wille, ja Jesu Werk selbst, und seinen Namen soll er denn auch führen.“ So erhielt der Orden den Namen: „Gesellschaft Jesu.“

Nun ließ Ignaz den Entwurf der Ordensverfassung dem Papste Paulus III. zur Bestätigung vorlegen. Dieser Entwurf war in Kürze folgender: „Die Gesellschaft Jesu ist eine gerüstete Schaar, allezeit bereit, zu kämpfen für Gottes Statthalter, den heiligen Vater in Rom, und für die alleinseligmachende römisch-katholische Kirche. Damit dieser Zweck erreicht werden kann, ist strenge Ordnung nöthig, wie bei einem Kriegsheer, und, auf daß die Ordnung erhalten werde, muß jedes Mitglied der Gesellschaft dem Obersten derselben blind gehorchen, wie ein Soldat seinem Feldherrn, ja er muß in dem Obersten gleichsam Christum selbst demüthig verehren; denn in dessen Kriegsdienst steht jeder einzelne Mann der Gesellschaft, kampfrüstig gegen eine ganze

Welt. Wer zur Fahne der Gesellschaft geschworen, der hat keinen eigenen Willen mehr, der darf nicht fragen: wohin? noch: warum? Wohin ihn der Papst durch den Obersten der Gesellschaft sendet, dahin muß er gehen, wie der Soldat in's Feuer, sei's zu Heiden, Juden, Ketzern oder Gläubigen. Wo ihm geboten wird: „bleib!" da muß er mauerfest stehen bis zum letzten Athemzug. Die geistlichen Waffen aber sind: Predigen, Beichtehören, geistliche Uebungen und Erziehung der Jugend. Die Würden vertheilt der Ordensoberste nach dem Werthe der Einzelnen. Den Sold zahlt Gott; darum soll kein einzelnes Mitglied der Gesellschaft irdisches Gut besitzen; hingegen darf die Gesellschaft Einkünfte genießen, um auf Universitäten Kollegien zu gründen und zu erhalten, in welchen Jünglinge studiren und erzogen werden." Der Ausschuß von drei Kardinälen, welcher den Entwurf des neuen Ordens der geistlichen Jesu-Ritterschaft zu prüfen hatte, trug zwar Bedenken, die letztere gutzuheißen, weil die lateranische und die Lyoner Synode von den Jahren 1215 und 1274 ausdrücklich gegen Gründung neuer geistlicher Orden beschlossen hatten. Gleichwohl waren die Vortheile, welche der römische Stuhl durch eine solche streitbare und ihm unbedingt ergebene Genossenschaft erlangen konnte, allzulockend, als daß sich Loyolas Anerbieten hätte zurückweisen lassen. Und so bestätigte denn Papst Paulus III., welcher hierin „Gottes Finger" zu erkennen glaubte, am 27. September 1540 durch eine Bulle, welche mit den Worten anfängt: „Regimini militantis ecclesiae", feierlich die „Gesellschaft Jesu" oder den „Jesuitenorden." Doch sollte der Orden vorerst nur sechzig Mitglieder haben.

So war denn die Kriegserklärung eines geistlichen Heeres gegen alle Menschen auf der weiten Welt, welche anders dachten und glaubten, als die römische Kirche vorschrieb, durch das Oberhaupt derselben, durch den Papst, in den Augen aller Derer geheiligt, welche den Papst für Gottes Stellvertreter auf Erden und alle seine Beschlüsse für untrüglich hielten, weil der heilige Geist ihn dazu erleuchte. Ignaz von Loyola hatte das erreicht, was ihm das höchste Ziel seines Lebens und aller Ehre schien; er ahnte gewiß nicht, welche wichtige Stellung der von ihm gestiftete Orden einst in der ganzen Welt einnehmen, welchen ungeheuren Einfluß derselbe auf die ganze Menschheit ausüben würde. Und dennoch lag die Möglichkeit dazu schon tief in dem Entwurf der Ordensverfassung begründet.

Nachdem nun dieselbe von dem Papste bestätigt worden war, schritten die Mitglieder im Jahre 1541 zur Wahl eines Ordensoberhauptes. Sie fiel auf Loyola. Er weigerte sich lange, diese Würde anzunehmen und zwar gewiß nicht aus Heuchelei, sondern aus innerster Ueberzeugung; denn ein solches Aufgeben seiner liebsten Wünsche schien ihm ja stets das größte Verdienst vor Gott. Endlich nahm er die Würde auch nur aus geistlicher Demuth an, nämlich erst dann, als es ihm sein Beichtvater als Pflicht gebot, und, nachdem er sie angenommen hatte, suchte er sich, aus demselben religiösen Grundsatze, vor seinen Ordensbrüdern auf's Allertiefste zu demüthigen. Aber bald durchdrang ihn das Bewußtsein seiner wichtigen Stellung; er raffte sich aus seiner freiwilligen Erniedrigung empor und begann zu handeln, wie sein Amt es erforderte. Als Oberster des Ordens hieß er jetzt General („praepositus generalis") und bediente sich der ausgezeichneten Geisteskräfte seiner Ordensbrüder mit immer größerer Umsicht; auch wenn sie ihm selbst überlegen waren, verstand er doch, sie in's große Ganze des Ordens zu verschmelzen und sie fügten sich willig, eben aus gemeinsamem Interesse für die Existenz, Größe und Selbstständigkeit des Ordens.

Zweites Kapitel.

Wie die Macht des Jesuitenordens herangewachsen ist.

Mittlerweile hatte sich der Papst bereits thatsächlich von der Wichtigkeit der Gesellschaft Jesu überzeugt. Der Ruf von der Frömmigkeit, Sittenstrenge, Feinheit und Bildung der Jesuiten war von Italien aus, wo sie zuerst eifrig und mit dem größten Erfolge für Sittenverbesserung gewirkt, in viele Länder gedrungen. So auch nach Portugal zu den Ohren des Königs Johann III., welcher von Eifer brannte, die heidnischen Völkerschaften in Indien zum Christenthum zu bekehren. Deshalb schrieb er nach Rom und erbat sich mehrere Jünger Loyolas zur Ausführung jenes gottgefälligen Werkes. Dies war noch vor der Bestätigung des Ordens durch den Papst. Alsogleich fuhren Franz Xaver und Simon Rodriguez gen Portugal und gewannen dort in Kürze das Vertrauen des Königs in einem solchen Grade, daß er sie gar nicht nach Indien fortlassen, sondern an seinem Hofe behalten wollte. Rodriguez blieb auch wirklich dort und benutzte seinen Einfluß auf den König mit so großer Klugheit, daß der Jesuitenorden in Portugal festen Fuß faßte und sich in kurzer Frist außerordentlich ausbreitete; der König ließ zu Coimbra für die neuankommenden Mitglieder (und deren waren bald an zweihundert) ein prachtvolles Kollegium erbauen.

Franz Xaver aber war ganz und gar von dem Gedanken der Heidenbekehrung begeistert und wollte diesem Zwecke, welcher ihm als der heiligste erschien, sein Leben bis auf den letzten Blutstropfen weihen. Er segelte, mit großen Vollmachten des Papstes und des Königs von Portugal ausgerüstet, von Lissabon nach Ostindien, kam im Mai des Jahres 1542 in der Hauptstadt Goa an, wo das Christenthum schon eingeführt war, und trat dort als päpstlicher Legat auf. Mit hohem Eifer und mit erstaunlicher Beharrlichkeit betrieb dieser tüchtige thatkräftige Mann sein Werk von Grund aus. Vor Allem lernte er die Landessprache und pflegte die Armen und Kranken. Sodann zog er mit einer Glocke umher, daß die Kindlein zu ihm herankamen, und unterwies sie, mild und treu wie ein Vater, im christlichen Glauben. Hierauf predigte er dem Volke, und es gelang ihm viele alte Landesbräuche abzuschaffen, welche gegen die christliche Sittenlehre waren. Dann zog er nach der Perlenküste, nach Travankor, Cochin, Ceylon, Mallacca, Amboina und Ternate und taufte die Heiden zu Tausenden. Zu seinem Beistand kamen immer mehre seiner Ordensbrüder aus Europa gen Asien und schafften an seinem Werke weiter, und auch die Neubekehrten verwendete man zum Dienste der Gesellschaft Jesu. Das Kollegium zu Goa umfaßte 120 Mitglieder. Xaver's kühner Geist bebte vor keiner Schwierigkeit zurück und entwarf rastlos die gewaltigsten Pläne. Als er einst einen Flüchtling aus Japan zum Christenthum bekehrt hatte, beschloß er in dies mächtige Reich einzudringen und es für die römisch-katholische Kirche geistlich zu erobern. Im Jahre 1549 kam er nach Japan, erlernte die Landessprache, nahm die Tracht und die Bräuche des Landes an und begann hierauf wirklich, das Christenthum zu verbreiten. Endlich faßte er auch den kühnen Plan, in China die Fahne Christi aufzupflanzen. Das ist ein gar großes wunderbares Reich, seit Jahrtausenden streng in sich selber abgeschlossen, und allen Ausländern bei Todesgefahr unzugänglich. Aber einen Mann, wie Franz Xaver, schreckte das nicht. Ungeachtet aller Bitten und Warnungen seiner Freunde, beschloß der begeisterte Glaubensprediger nach China vorzudringen. Es wahr ihm nicht mehr vergönnt. Auf der kleinen Insel Sancian ergriff ihn ein hitziges Fieber und er starb am 2. Dezember 1552, noch in den letzten Zügen einzig und allein von Gedanken an sein Werk erfüllt; — ein Mann, wie es Wenige seines Gleichen gegeben hat an Begeisterung, Thatkraft und Beharrlichkeit. Die römische Kirche hat ihn (1623) heilig gesprochen. — Zur selben Zeit, als Xaver in Japan wirkte, drangen mehrere seiner Ordensbrüder als Glaubensboten in Amerika vor und suchten die Wilden in Brasilien zu bekehren, — ein hartes und gefahrvolles Werk!

Indessen hatte die Zahl der Ordensmitglieder von Jahr zu Jahr erstaunlich zugenommen; und sie verbreiteten sich über ganz Europa, um den römisch-katholischen Glauben wieder herzustellen, aber nicht überall hatten sie gleich Anfangs günstigen Erfolg. So waren die Väter Salmeron und Broet mit päpstlichen Freibriefen nach Irland gefahren, um den bedrohten römischen Katholicismus aufrecht zu erhalten; denn Irland hatte das Beispiel des benachbarten Englands vor Augen, welches erst vor Kurzem von der römischen Kirche abgefallen war. Aber jene beiden Männer betrieben ihr Geschäft mit allzugroßem Hochmuth und mit solcher Gewalt, daß sie das Volk dadurch gegen sich aufbrachten, und unverrichteter Dinge von dannen flüchten mußten. Eben so wenig gelang es den Jesuiten damals in Frankreich festen Fuß zu fassen. Sie wurden verjagt nnd zogen nach Löwen in den Niederlanden; dort glückte es ihnen, sich anzusiedeln. Auch in Spanien hatten sie Anfangs mit großem Widerspruch zu kämpfen; denn die dortige Geistlichkeit hielt ihre Glaubenslehren für verdächtig und ihr Wirken für gefährlich. Aber ein vornehmer und mächtiger Mann, Franz Borgia, Herzog von Gandia, nahm sich ihrer eifrig an und ließ sich selbst in die Gesellschaft Jesu aufnehmen. Die Jesuiten hielten sich nun vornämlich an den königlichen Hof und an den Adel, und gewannen beide ganz und gar durch ihren glühenden Eifer für die Erhaltung des reinen römischen Katholicismus; denn dies gefiel den feurigen, schwärmerischen Spaniern gar wohl. Aber der Hauptschauplatz ihres Wirkens und die feste Grundlage ihrer Macht blieb Italien. In diesem Lande residirte der General, welcher die ganze Maschine des Ordens mit gewaltiger Hand lenkte; Italien war der Mittelpunkt des ungeheuren Gewebes von Herrschaft und Bekehrungen; von Italien aus verspannen sich die tausend und abertausend Fäden dieses Gewebes über den ganzen Erdkreis. In Deutschland, wo die Reformation entsprungen, war das Wirken der Jesuiten für den römischen Hof besonders wichtig und sie hatten dort keine geringe Aufgabe zu erfüllen. Nicht blos einen offnen Kampf hatten sie gegen den Protestantismus, gegen die Glaubens- und Denkfreiheit auszufechten, welche von vielen edlen deutschen Fürsten muthig vertheidigt wurde, — nein, die immer frisch sprudelnde Quelle selbst mußten sie verstopfen, weil sie den Strom nicht mehr aufhalten konnten, welcher schon so viele Tausende von Rom abgerissen hatte; sie mußten planmäßig den freien Geist der Nation abstumpfen, dumm machen, langsam tödten; sie mußten das heranwachsende jüngere Geschlecht durch Erziehung, Lehren und Grundsätze zu ihren blinden Knechten bilden. Ja sie mußten sich sogar derselben Waffe bedienen, wie die Protestanten, nämlich der Gelehrsamkeit, weil sie den Drang des deutschen Geistes nach Erforschung der Wahrheit wohl erkannten und ganz gut einsahen, daß sie durch offnes Dagegenstreben alles Zutrauen verlieren würden; aber sie mußten anderseits von der Gelehrsamkeit nur die todten Formen entlehnen, diese auf's kunstreichste ausbilden und als höchstes Ziel hinstellen, um den Geist darin zu verfangen, und durch den trügerischen Schein der Wahrheit zufrieden zu stellen; und, indem sie den Geist so unter ihrer Vormundschaft hielten, mußten sie hinwieder die Einbildungskraft entflammen, und dieser ein Uebergewicht über den Verstand und über das Gemüth zu verschaffen suchen. Dies war die Aufgabe der Jesuiten in Deutschland. Es kam ihnen dabei gut zu statten, daß die religiöse Spaltung zwischen Katholiken und Protestanten in Deutschland zugleich eine politische geworden war, und daß die katholischen Fürsten von der Verbreitung des Protestantismus in ihren Ländern auch Gefahr für ihre Herrschaft befürchteten. Deshalb waren ihnen die Jesuiten als eifrige Helfer willkommen. Die ersten Jesuiten kamen mit päpstlichen Gesandtschaften nach Deutschland, zu den Religionsgesprächen in Worms und Regensburg; nämlich Le Jay und Bobadilla; Churfürst Albert von Mainz nahm sich in Deutschland des Ordens zuerst an, und bald berief der streng-romgläubige Herzog Wilhelm IV. von Baiern die Väter Le Jay, Salmeron und Peter Canisius (aus Nymwegen) in sein Land, um darin die Keime der Reformation zu ersticken. Jene drei Männer kamen 1549 nach Ingolstadt und eröffneten auf der dortigen Universität ihre Vorlesungen; Peter Canisius wurde 1550 zum Rektor derselben ernannt. Herzog Wilhelm IV. stiftete ihnen dort ein Kollegium. Sein Sohn, Herzog Albrecht V., begünstigte sie eben so sehr und übertrug ihnen die Censur über alle Druckschriften. Im Jahre 1556 kamen 18 Jesuiten nach Ingolstadt und legten alsobald den festen Grund zu ihrer Herrschaft. Im Schutze des Hofes, im Besitze der Universität und im Besitze der Censur, gewannen jene feingebildeten, weltklugen und gelehrten Ordensmänner allmählig großen Einfluß auf das ganze Volk, hielten die religiöse Entwickelung desselben unwiderstehlich auf und machten Baiern zum Bollwerk gegen die Reformation, zum Heerd des römischen Katholicismus in Deutschland. Nach Wien kamen die Jesuiten im Jahre 1551, als die Reformation in Oesterreich bereits zahlreiche Anhänger sowohl unter dem Adel, als unter dem Volke gefunden hatte. Um nun Dem entgegen zu arbeiten, hatte der römische König (nachmalige Kaiser) Ferdinand I., welchen sein Beichtvater, der Bischof Urban von Laibach, auf sie aufmerksam gemacht hatte, an Ignaz von Loyola selbst geschrieben. Darauf hin kamen nun, nach der schnell getroffenen Uebereinkunft, Le Jay und 12 seiner Ordensbrüder, und erhielten von Ferdinand anfänglich blos Wohnung und Unterhalt, bald auch die Universität.

Sie begannen ihr Werk mit dem größten Eifer, besonders Peter Canisius, welcher (1552) von Ingolstadt herbeigekommen war. Dieser erkannte, wie wichtig der lutherische Katechismus als gemeinfaßlicher Inbegriff aller Glaubenslehren für die Verbreitung der Reformation war, und schrieb nun deshalb (1554) zum Jugendunterricht und zum Nutzen des gemeinen Manns einen katholischen Katechismus (einen großen und einen kleinen), dessen Gebrauch durch eine landesfürstliche Verordnung anbefohlen wurde und welcher in der Folge einen ungeheuren Einfluß auf die Wiederherstellung und Befestigung des römisch-katholischen Glaubens ausgeübt hat. Mit der größten Selbstverläugnung und Standhaftigkeit stellten sich die Jesuiten in Wien und Oesterreich dem Haß des protestantischen Adels entgegen und überwanden überhaupt alle Widerwärtigkeiten, welche ihnen im Wege standen. Bald errichteten sie in den Provinzen Erziehungsanstalten und, wie sie ihre wachsende Macht fühlten, fingen sie an, alle Nichtkatholiken heimlich und offen zu verfolgen. In diesem Geschäfte zeichnete sich besonders Canisius aus und machte sich dadurch so verhaßt, daß man ihn nur den „canis austriacus“ (den österreichischen Hund) nannte.

Auch in Böhmen fanden sie im Jahre 1556 Eingang, gründeten ein Kollegium in Prag und erhielten sogar die dortige Universität, wie die zu Wien. Im Jahre 1561 erhielten sie ein Kollegium zu Tyrnau in Ungarn; bald setzten sie sich auch in Mähren, in Olmütz und Brünn fest. In Köln hielt es ihnen anfangs schwer, Eingang zu finden, weil dort die Reformation in den Gemüthern eines großen Theils der Bevölkerung Wurzel zu schlagen begonnen hatte; der Erzbischof Hermann von Wied war derselben keineswegs abgeneigt; denn dieser aufgeklärte Prälat sah wohl ein, daß das wahre Interesse der katholischen Kirche durch Abschaffung alter Mißbräuche und zeitgemäße Verbesserungen bei Weitem mehr gefördert würde, als durch Zwangsmaßregeln und Verdummung des Volkes. Aber nicht minder energisch war jene Parthei in der Stadt, welche alles daran setzte, um den Katholicismus aufrecht zu erhalten und zwar insbesondere die Universität als Pflanzschule des römisch-katholischen Glaubens zu bewahren. Die Jesuiten erkannten und benutzten dies, und es gelang ihnen wirklich, im Jahre 1556 die Universität zu erhalten. Ebenso ließen sie sich in Trier, Mainz und Aschaffenburg u. s. w. nieder; in Trier eröffneten sie ihr Kollegium 1561. Ignaz von Loyola aber hatte schon bei Zeiten sein Augenmerk auf Deutschland gerichtet und deshalb (1552) in Rom ein eigenes Kollegium gestiftet, in welchem junge Deutsche unter seinen Augen im Geiste des Ordens erzogen werden sollten, um nachher die Grundsätze desselben als rüstige Streiter in ihrem Vaterlande zu verfechten.

Loyola lebte überhaupt einzig und allein für den Orden, und entwickelte jetzt eine Verstandeskraft, welche ebenso groß war, wie weiland seine Schwärmerei, und wie immerdar seine Charakterstärke. In gleichem Grade, wie der Orden immer mehrere Mitglieder und äußere Anerkennung gewann, sich weiter ausbreitete und durch rastlose Wirksamkeit tiefer in's Staats- und Völkerleben eingriff, — im gleichen Grade war Loyola darauf bedacht, die Existenz des Ordens auch innerlich zu befestigen, die Verfassung desselben auszubilden, etwaige Mängel zu beseitigen, und ihm überhaupt eine immer größere Selbstständigkeit zu erringen. Da sich nun der Papst tagtäglich mehr von dem Eifer des Ordens und von dessen Wichtigkeit für den römischen Stuhl überzeugte, so verlieh er dem Orden gern viele Privilegien, eines kostbarer als das andere, um das Interesse desselben dauernd und unauflöslich an sein eigenes zu knüpfen. So hob Paulus III. schon im Jahre 1543 seine frühere Bestimmung auf: „daß der Orden nicht mehr als 60 Mitglieder haben dürfte," und gestattete, deren so Viele aufzunehmen, als der General für gut finde; ferner erlaubte er demselben, ohne vorhergehende besondere päpstliche Genehmigung neue Ordensgesetze abzufassen und frühere nach Zeit und Umständen zu verändern. Zwei Jahre später ermächtigte er die Jesuiten: allerorten, sei's in Kirchen oder unter freiem Himmel, zu predigen, von allen Sünden zu absolviren, vor Sonnenaufgang und nach Mittag Messe zu lesen, und die Sakramente auszuspenden; dies alles ohne besondere Erlaubniß der Bischöfe und Pfarrer, in deren Kirchensprengeln sie sich befänden. Sodann bestätigte er (1546) eine sehr wichtige neue Einrichtung, welche Loyola damals getroffen hatte. Bis dahin bestand nämlich der Orden nur aus zwei Klassen von Mitgliedern, aus solchen, welche alle vier Gelübde abgelegt hatten, oder sogenannten „Professen," und aus Schülern. Da nun immer mehr Menschen in den Orden aufgenommen werden wollten, welche sich doch entweder wegen ihres Alters oder wegen ihres Standes weder zu Schülern, noch zu Professen eigneten, so errichtete Loyola eine dritte Klasse von Mitgliedern, die der sogenannten Mithelfer oder „Koadjutoren." Diese hatten blos drei Gelübde abzulegen, das der Keuschheit, das der Armuth und das des Gehorsams; und solcher Koadjutoren sollte es fortan sowohl geistliche, als auch weltliche geben. So gewann der Orden immer mehr das Wesen und die Ausbildung eines in Stände abgegliederten monarchischen Staates und Loyola betrieb beim päpstlichen Stuhle unablässig, daß das strenge monarchische Prinzip desselben, welches in der Würde des Generals enthalten war, immer mehr völlige Unumschränktheit erreichte. Die Gebote des Generals sollten als ebenso heilig und untrüglich gelten, wie die des Papstes. So brachte es Loyola dahin, daß das von ihm abgefaßte Buch: „Die geistlichen Uebungen" zur Bildung aller im Orden Neuaufgenommenen, welches von dem Erzbischof von Toledo angefochten worden war, im Jahre 1548 durch eine päpstliche Bulle gut geheißen und empfohlen, ja daß sogar jeder Zweifel daran mit den schwersten Kirchenstrafen belegt ward. Ein Jahr später (1549) wirkte sich der rastlos thätige Loyola vom Papste Paulus III. eine neue wichtige Bulle zu Gunsten des Ordens aus. Der Hauptinhalt aller in dieser Bulle enthaltenen Privilegien betraf zwei Punkte, nämlich erstens: die Befreiung des Jesuitenordens von aller bischöflischen und pfarrlichen Gewalt, und zweitens: die unumschränkt-monarchische, ja despotische Verfassung desselben. Beide Bestimmungen hingen auf's innigste zusammen; denn wenn der Papst ein ihm unbedingt ergebenes geistliches Heer haben wollte, so mußte dies von jeder Zwischenmacht in der Hierarchie völlig unabhängig und zugleich auch streng militairisch organisirt sein. Die einzelnen Bestimmungen jener päpstlichen Bulle waren folgende:

Kein Bischof durfte Jesuiten exkommuniciren. Diese hingegen durften sogar dann Gottesdienst halten, wenn ein Land mit dem päpstlichen Interdikt belegt war, während dessen sonst kein andrer Geistlicher Gottesdienst halten durfte. Ebenso brauchten weder der General, noch die unter ihm stehenden Ordensoberen irgend einem Bischof oder Prälaten Mitglieder des Jesuitenordens zu geistlichen Verrichtungen zu überlassen, und, wenn sie dies auch thaten, so mußten die Mitglieder doch stets unter der Gewalt ihrer Ordensoberen bleiben. Sodann sollte der Ordensgeneral immerdar eine durchaus unbeschränkte Gewalt haben, sowohl in Regierungssachen, als auch über alle Ordensmitglieder. Von den Ordensregeln durfte ferner Niemand Berufung ergreifen an irgend eine richterliche Gewalt auf Erden. Der Ordensgeneral oder seine Bevollmächtigten durften Jeden, der in irgend einer Art dem Orden angehörte, von jeder Sünde absolviren, auch sogar Exkommunikationen aufheben, und von allen kirchlichen Strafen Dispens ertheilen. Ein andres sehr wichtiges Mittel, wodurch sich der Jesuitenorden als unabhängige Macht behaupten konnte, war das Gebot, daß Jesuiten nur in ihrem Orden, d. h. blos Angehörigen desselben beichten, und aus demselben in keinen andern Orden, als den der Karthäuser übertreten durften, in welchem ewiges Schweigen Ordensregel war. Auf der andern Seite hatten jedoch der General und seine Bevollmächtigten die Gewalt, Mitglieder des Ordens auszustoßen und gefangen zu halten. Ohne Bewilligung des Ordensgenerals durfte ferner kein Jesuit außerhalb des Ordens irgend welche höhere geistliche Würden (z. B. bischöfliche) annehmen — angeblich aus Demuth, eigentlich aber, damit das absolutmonarchische Prinzip des Ordens nicht gefährdet wurde. Ferner wurde in jener Bulle jede Schenkung an den Orden für heilig und unwiderruflich erklärt und wurden alle Besitzungen desselben von jedem Zehnten (selbst dem päpstlichen) befreit. Endlich durfte der General oder sein Bevollmächtigter Jedermann ohne Unterschied, selbst Verbrecher, in den Orden aufnehmen und ihnen die Priesterweihe ertheilen, nach eignem Gutdünken Koadjutoren in unbestimmter Zahl zuziehen und den Professen erlauben, ihr viertes Gelübde auch außerhalb Roms abzulegen.

Der Papst Julius III., der Nachfolger des Paulus III., bestätigte (1550) die Gesellschaft Jesu mit allen ihren Vorrechten und gab ihr noch neue dazu. Er berechtigte nämlich die Ordensobern: Studenten, welche zur Gesellschaft gehörten, alle akademischen Würden zu verleihen. In Folge dieses Vorrechts konnte nun der Jesuitenorden auch allen, etwa feindseligen Einfluß der Universitäten entkräften, ja er bekam diese ganz in seine Hand und hatte dadurch zugleich volle Gewalt, sich auch für's Welt- und Staatsleben lauter künftige Männer in seinem Geiste, von seinen Grundsätzen, zu seinen Zwecken, lauter einstige Freunde und Vertheidiger zu bilden.

So hatte sich der Jesuitenorden durch sein rastloses und erfolgreiches Wirken für das Papstthum das unbegränzte Zutrauen der Päpste und dadurch eine Macht erworben, welche der päpstlichen in der That gleich war. Die natürliche Folge davon war, daß der Orden, streng geregelt und völlig wie ein Staat eingerichtet, bald nur sich selbst, als einzigen Weltstaat, anerkannte und das Papstthum, zu dessen Schutz er doch entstanden war, insgeheim blos wie eine Maschine betrachtete, welche er zum eignen Vortheil leitete, und als Aushängeschild vor sich stellte.

Die allernächste Folge aber solcher unbegränzter, unantastbarer Macht war die, daß die einzelnen Mitglieder des Ordens dieselbe mißbrauchten. So geschah's in Spanien und besonders in Portugal. — In diesem letzteren Lande waren die Jesuiten Beichtväter am königlichen Hofe und leiteten die Erziehung des Kronprinzen. Durch diesen Einfluß und durch den Besitz großer Schätze wurden sie übermüthig, vernachlässigten ihre Pflichten und die guten Sitten, schmiedeten Intriguen und gaben sowohl beim Bürgerstande, als auch bei den Gelehrten viel Aergerniß. Als Loyola dies vernahm, war er über Simon Rodriguez sehr ungehalten; denn er glaubte, daß dessen allzugroße Nachsicht an jener Ausartung Schuld sei, und gebot ihm, den Hof zu verlassen. Rodriguez gehorchte, verläumdete aber nun seinen General bei dem König, dessen ganzes Zutrauen er besaß. Da wurde der König heftig erzürnt und Loyola, welcher selbst wie ein unumschränkter König über seinen Orden zu herrschen wähnte, sah sich nun genöthigt, Alles aufzubieten, um den König von Portugal wieder geneigt zu machen und das üble Aufsehen, welches für den ganzen Orden nachtheilige Folgen haben konnte, zu verwischen. Auch die portugiesischen Jesuiten selbst sahen ein, wie nöthig dies war: deshalb zogen die zu Coimbra, welche wegen ihrer Ausschweifungen in schlechtem Leumund standen, aus ihrem Kollegium hervor, auf die Straßen, sangen Litaneien und geißelten sich zur Buße ihrer Vergehungen vor allem Volke, daß dies davon erbaut und hingerissen ward und sie als heilige Männer verehrte.

Solchen Kummer hatte Ignaz von Loyola am Abend seines thatenreichen Lebens. Dazu kam nun auch der Schmerz, daß sich der Jesuitenorden in Frankreich, ungeachtet aller eifrigen Bemühungen, noch immer nicht festsetzen konnte. Das Parlament, der Bischof von Paris und das streng-rechtgläubige, theologische Kollegium der Sorbonne widersetzten sich standhaft der Aufnahme der Jesuiten in Frankreich, aus dem Grunde, weil durch die Privilegien derselben die Freiheiten der französischen Kirche gefährdet würden. Loyola erlebte die Erfüllung seines Wunsches nicht. Sein Körper war durch die zahllosen Kasteiungen, welchen er sich während seiner Schwärmerei unterworfen hatte, vor der Zeit entkräftet worden, und seine immerwährende, angestrengteste, geistige Thätigkeit, seine vielfältigen Herrschersorgen während einer 16jährigen Ordensregierung hatten ihn vollends aufgerieben. Er starb zu Rom am letzten Juli 1556, und hatte im Verscheiden die Genugthuung, daß sein Orden bereits tausend Mitglieder zählte (wiewohl nur 35 Professen von 4 Gelübden) in Europa, wie im fernen Asien und in Amerika; die Hoffnung, daß das Werk, für welches er sein ganzes Leben hingegeben, ihn Jahrhunderte lang überleben würde, ja daß es nicht eher zu Grunde gehen könne, als der römische Katholicismus selbst, — diese stolze Hoffnung erleichterte Loyola's Todeskampf. Am 12. März des Jahres 1622 wurde er durch den Papst Gregor XV. heilig gesprochen, und die römisch-katholische Christenheit verehrt ihn seit jenem Tage als einen gewaltigen Fürsprecher bei Gott; ja die Jesuiten stellten den Stifter ihres Ordens Jesu Christo selber gleich. So ward diesem ruhmsüchtigen Kriegsmanne noch 66 Jahre nach seinem Tode ein Triumph zu Theil, wie nie einem Welteroberer ein gleicher geworden ist.

Drittes Kapitel.

Von der Verfassung, Verwaltung und Sittenlehre des Jesuitenordens.

Kaum hatte Ignaz von Loyola die Augen zugethan, so athmete Jakob Lainez frei und stolz auf. Dieser ehrgeizige Mann hatte schon lange im Stillen den Wunsch gehegt: „O wäre doch ich Ordensgeneral! Nach Loyola's Tode muß ich es werden!“ Lainez besaß zwar Loyola's religiöse Begeisterung nicht, dafür jedoch einen erstaunlichen Scharfblick in alle Menschenherzen und Verhältnisse, so wie eine Meisterschaft in Beredsamkeit und Staatsklugheit. Dadurch nützte er dem Orden und dem römischen Hofe bei der Kirchenversammlung in Trient (1551 und 1552) gar sehr, indem er gegen die Bischöfe der verschiedenen Nationen den Grundsatz einer angeblich von Gott selbst verliehenen Oberherrlichkeit des Bischofs von Rom, d. i. des Papstes, über die ganze christliche Kirche, also auch über alle andren Bischöfe, so wie über alle weltliche Macht vertheidigte. Jakob Lainez besaß ferner eine große Herrschsucht, aber zugleich auch ein ausgezeichnetes Herrschertalent. Nach Loyola's Tode benutzte er nun sein Ansehen und seinen Einfluß bei der Gesellschaft mit aller seiner Schlauheit, um die Ordensherrschaft an sich zu bringen. Es gelang ihm auch wirklich, daß er von jenen Professen, welche sich in Rom befanden, zum General-Vikarius erwählt wurde, und als solcher lud er nun die untergeordneten Ordensvorsteher in den verschiedenen Ländern nach Rom zur Wahl eines neuen Generals und zu einer allgemeinen Versammlung (oder „General-Kongregation“). Dies mußte jedoch zwei Jahre lang verschoben werden, weil damals ein Krieg zwischen dem Papst und dem Kaiser war; überdies hatte der neue Papst Paulus IV. einen Argwohn gegen die große Macht des Ordens, und wollte nicht zugeben, daß ein General auf Lebenszeit gewählt würde. Da brachte es Jakob Lainez bei seinen Ordensbrüdern dahin, daß sie beschlossen: „vor der Wahl eines Generals an der Verfassung des Ordens nichts zu ändern." Als nun die Wahl wirklich vorgenommen ward, wurde Lainez im Jahre 1558 zum General der Gesellschaft Jesu erhoben, und jetzt, da er die Macht in Händen hatte, erwirkte er einen Beschluß seiner Brüder, daß der Ordens-General seine Würde auf Lebenszeit behalten sollte. Da gerieth der Papst in heftigen Zorn, wiederholte sein Gebot und wollte die Jesuiten in allen Stücken den übrigen Mönchsorden gleichstellen, während doch sie selbst dies in jeder Weise zu vermeiden suchten. Der schlaue Lainez gab für den Augenblick nach, weil der Papst alt war und nicht mehr lange zu leben hatte; nach dessen Tode hoffte er dennoch seinen eigenen Willen durchzusetzen.

Mittlerweile hatte Lainez, welcher sein Ziel nie aus den Augen verlor, ein Werk weiter geführt, welches für die ganze Zukunft des Jesuitenordens ungeheuer wichtig war, nämlich das kunstreiche Gebäude der Ordensverfassung. Den Grund dazu hatte schon Loyola gelegt und auch die Bausteine dazu herbeigeschafft, und Lainez war ihm dabei mit Rath und That beigestanden. Nun sammelte Lainez alle Verordnungen und Entwürfe des Ordensstifters (die „constitutiones societatis Jesu"), legte sie den Mitgliedern der Gesellschaft zur Prüfung vor und wirkte dabei durch seine Klugheit so mächtig auf alle ein, daß das ganze System der Ordensverfassung, welches nunmehr zu Stande kam, und welches seine Nachfolger in der Generalswürde in seinem Sinne weiter ausführten, hauptsächlich sein Werk genannt werden kann.

Das Grundprinzip dieses Systems, wie es sich, von der ersten Absicht des Ordensstifters Loyola abweichend, in der Folge immer schärfer entwickelte, ist folgendes: Der höchste Zweck des Jesuitenordens ist — er selbst, als geistlicher Staat, der Zweck seiner Existenz aber ist die Herrschaft über die ganze Welt, und die Regierungsform — eine unumschränkte Monarchie, jedoch mit dem Anscheine, daß durch den Ordensregenten der Gesammtwille der ganzen Gesellschaft vertreten sei. Der feste Zusammenhang des Jesuitenordens mit dem Papstthum blieb dabei allerdings aufrecht, jedoch in einem umgekehrten Verhältnisse gegen die Absicht des Stifters und gegen den Glauben der Päpste. Anfänglich sollte nämlich der Jesuitenorden die Universalmonarchie des Papstthums stützen und ausbreiten; bald aber gab das Papstthum, ohne es zu wissen, nur den Namen her, unter dessen Gewährleistung der Orden seine eigene Weltherrschaft stützte und ausbreitete. Da es nun die Jesuiten durch ihre erstaunliche Thätigkeit und Einigkeit, durch ihren ungeheuren Einfluß dahin brachten, daß das Papstthum sie gar nicht mehr entbehren konnte, so erschien ihr Orden gleichsam als eine neue Verkörperung der Grundidee des Papstthums; ja er war gleichsam das Seelenauge, das herrschende Haupt des römischen Katholicismus geworden. Alle Grundsätze, wodurch das Papstthum groß und stark geworden, waren auch die des Jesuitenordens. Gleichwie der Papst sonst als Stellvertreter Jesu Christi gegolten hatte, so galten jetzt die Jesuitengenerale dafür; gleichwie die Päpste behauptet hatten, unmittelbar von Gott ein höchstes Recht über jede weltliche Gewalt zu haben, welche die Könige und Fürsten erst durch Uebertragung von ihnen, also von der römischen Kirche, gleichsam als Lehen erhielten, so maßte sich jetzt die Gesellschaft Jesu an, dessen herrschender Staat auf Erden zu sein, so zwar, daß alle Könige und Fürsten eigentlich nichts mehr als Beamte seien, welchen die Unterthanen nur so lange zu gehorchen brauchten, als jene selbst ihrer höheren geistlichen Herrschaft gehorsam und nützlich blieben, und welche man, sobald sie es nicht mehr wären, absetzen und sogar tödten dürfe! Ebenso wie die Päpste früher jeden Freidenkenden und Andersgläubigen für einen Ketzer, für einen von Gott Verworfenen, für einen durchaus Rechtslosen erklärten, ebenso galt jetzt jeder Freidenker vor der Gesellschaft Jesu als ihr Feind, welcher vernichtet werden mußte, wenn er sich nicht bekehren wollte. Kurz alle Grundsätze des Papstthums, das vermeintliche höchste Recht zur weltlichen Oberherrschaft, die vermeintliche Untrüglichkeit, die strenge Unduldsamkeit, alle aus einer und derselben Quelle entsprungen und zu demselben Zwecke: der Erhaltung der Kircheneinheit, dienend, — alle faßte nun der

Jesuitenorden als seine eigenen zusammen, drückte sie noch schärfer und bestimmter aus, bildete sie noch konsequenter und feiner im Einzelnen aus, brachte sie in ein vollständiges System und machte dieses System durch einen Schlußstein mauerfest, nämlich durch die Formel: „Weil jede Handlung des Ordens zur größeren Ehre Gottes geschieht, so muß der Zweck jedes Mittel heiligen.“ In dieser Zauberformel lag die ganze praktische Anwendung des Systems und die ganze jesuitische Moral. Die Haupthebel aber, wodurch der Jesuitenorden das erreichte, was das alte Papstthum selbst in den Zeiten seines größten Ansehens und seiner ausgedehntesten Macht nicht hatte erreichen können, waren folgende: Erstens eben die innere Einigkeit des Ordens in Folge seiner streng staatlichen Verfassung und Einrichtung, zweitens dessen Politik, welche die offenen Kämpfe mit der weltlichen Macht vermied und desto mehr durch heimliche Bekehrungen und Umtriebe einerseits, andrerseits durch unbedingten Einfluß an den Höfen wirkte, drittens endlich die Jugenderziehung.

Die Grundsätze dieser letzteren brachte Klaudius Aquaviva in ein System und in einen geordneten Lehrplan. Er war der fünfte Ordensgeneral; denn nach dem Tode des zweiten, Jakob Lainez, (1565) war Franz Borgia, früher Herzog von Gandia, ein klösterlich bigotter Mann, General gewesen, nach ihm Eberhard Mercurianus von Lüttich, und auf diesen folgte Klaudius Aquaviva, aus dem herzoglichen Hause Atri, welcher vierunddreißig Jahre lang (von 1581 bis 1615) den Orden regierte. Er erließ außer jenem Lehrplan (der „ratio atque institutio studiorum societatis Jesu“) auch noch Gesetze zur Nachachtung der verschiedenen Ordensoberen und mehrere Verordnungen, um theils eingerissene Uebelstände zu verbessern, theils auch jeden Widerstand zu vernichten, welcher sich im Orden selbst gegen die despotische Regierungsverfassung erhoben hatte. Kurz: Aquaviva vollendete streng und konsequent das kunstreiche Gebäude der despotischen Ordensverfassung. Dies haben auch die Päpste fort und fort durch große Privilegien befestigt; vom Jahre 1540 bis zum Jahre 1753 erhielt der Jesuitenorden deren 92, von 19 Päpsten.

Die ganze Ordensverfassung, in wie fern man sie aus allen jenen Gesetzen, Regeln, Anleitungen und Erläuterungen erkennen kann, welche der Orden selbst im Drucke hat erscheinen lassen, war und ist noch folgende:

Die ganze Gesellschaft Jesu besteht aus verschiedenen Klassen von Mitgliedern. Die erste und höchste Klasse bilden die Professen (nämlich von allen vier Gelübden); diese haben den höchsten Grad, als Eingeweihte in die geheimen Maximen des Ordens, den nächsten Antheil an der obersten Thätigkeit und die ersten Ansprüche auf Ehren und Würden im Orden. Zu dieser höchsten Klasse gelangen stets nur wenige auserlesene und lang geprüfte Mitglieder, nämlich nur die allerklügsten und tüchtigsten, welche die ganze ungeheure Aufgabe des Ordens völlig zu erfassen und dafür zu wirken vermochten. Sie waren und sind, so zu sagen, der Kern und Stamm des Ordens und hatten außer jenen Gesetzen, welche durch den Druck bekannt geworden sind, auch noch geheime Verhaltungsregeln (monita secreta). Dann kommt die zweite Klasse, welche aus den geistlichen Koadjutoren besteht, diese müssen Priester sein und ihre Gelübde unmittelbar an den Ordensgeneral richten. Zwischen beiden Klassen gab und giebt es auch noch eine Mittelklasse, die der Professen von drei Gelübden; diese geloben dem Papst keinen besondren Gehorsam, sondern legen blos die gewöhnlichen Gelübde ab; jedoch nicht als einfache Gelübde, wie die Koadjutoren, sondern als feierliche. Zur dritten Klasse gehören die angenommenen Schüler (scholastici approbati); zur vierten die Laienbrüder oder weltlichen Helfer (weltliche Koadjutoren); zur fünften und untersten die Novizen, welche sich zwei oder mehrere Jahre im Orden befinden, um geprüft zu werden, und blos das einfache Gelübde ablegen: „nach dem Sinne der Konstitutionen des Ordens zu leben.“ Außerdem giebt es noch eine sechste Klasse von Mitgliedern, die der sogenannten „Affiliirten“ oder „Adjunkten“ oder „Jesuiten in kurzen Röcken.“ Das sind Laien aus allen Ständen (auch aus den höchsten), von denen man's im Weltleben gar nicht weiß, daß sie zur Gesellschaft Jesu gehören, und die eben deswegen um so besser in allen Verhältnissen für die geheimen Zwecke des Ordens, als dessen Werkzeuge, thätig sein können; dafür genießen sie alle jene vermeintlichen geistlichen Gnaden, deren man — nach der Vorspiegelung der Jesuiten — durch den Eintritt in ihren Orden und schon durch das bloße Gelübde des blinden Gehorsams gegen denselben theilhaftig wird; unter anderen vorzüglich die Gnade, daß Jeder, welcher dem Jesuitenorden angehört, Vergebung seiner Sünden und die Gewißheit der ewigen Seligkeit nach dem Tode erhält. Diese Versicherung war und ist noch ein gar mächtiger Sporn für gläubige Menschen, die wenig Geisteskraft und kein gutes Gewissen haben. Daher kam's denn auch, daß der Orden zu allen Zeiten bis auf den heutigen Tag zahllose solche Mitglieder „in kurzen Röcken" bekam, Staatsmänner, Gelehrte, Offiziere, Kaufleute, Damen sogar, welche man eben so wenig kannte und kennt, wie Spione, welche überall für den Orden auf's allereifrigste thätig waren und sind, welche dessen ungeheure Macht ausbreiten halfen und noch jetzt zu befestigen suchen. Das sind die unsichtbaren Hülfstruppen der Jesuiten, vor denen man noch mehr auf der Hut sein muß, als vor jenen Jesuiten, welche in langen schwarzen Kutten einhergehen. Die sind von jeher jedem ehrlichen Manne, der kein Jesuit war, im Wege gestanden: die haben von jeher, wenn sie nicht selber große Herren waren, die großen Herren zu Gunsten des Ordens bearbeitet. Endlich gehören zum Umfange des Ordens im weitesten Sinne, auch zahlreiche Brüderschaften oder Kongregationen, in welchen sowohl Männer als Frauen aus allen Ständen aufgenommen werden, um gemeinschaftliche Andachtsübungen und christliche Liebeswerke vorzunehmen. Diese Kongregationen werden von den Jesuiten geleitet und zum großen Vortheil des Ordens benutzt.

Die Verfassung des Ordens ist, wie gesagt, eine absolutmonarchische oder despotische. Der Ordensgeneral vereinigt nämlich in sich die ganze gesetzgebende, verwaltende und oberstrichterliche Gewalt und alle Mitglieder des Ordens sind ihm, als dem vermeintlichen Stellvertreter Jesu Christi und Gottes, zu unbedingtem Gehorsam verpflichtet, zu einem Gehorsam selbst gegen ihre Ueberzeugung; ja die leiseste Regung eines eigenen

Denkens, eines eigenen Wollens gilt für so sündhaft, wie eine Gotteslästerung. Kurz: der General ist für den Orden eben das, was der Papst für die römisch-katholische Kirche. Er residirt in Rom, in diesem alten Mittelpunkte der Weltherrschaft, als rechter Weltherrscher, denn sein Reich, das Reich des Jesuitenordens, ist ja die ganze weite Erde. Da darf er jedes Mitglied hinschicken, wohin es ihm beliebt; er darf jedes Mitglied richten und bestrafen, aus dem Orden ausstoßen und wieder aufnehmen, und ebenso jedes zu allen Ordensgraden, zu allen Ordensämtern befördern; er darf alle Einkünfte, alles Vermögen der verschiedenen Ordenshäuser nach Gutdünken verwalten, ja er darf sogar Vermächtnissen eine andere Bestimmung geben, als die des Stifters war; er leitet alle Kollegien, er ertheilt alle Regeln; ohne seine Zustimmung hat kein Vertrag, welchen Ordensmitglieder abschließen, Gültigkeit. Seine Erwählung geschieht durch eine Generalversammlung, bei welcher jedoch nur die Professen von vier Gelübden (ausnahmsweise auch solche von drei Gelübden und geistliche Koadjutoren) Sitz und Stimme haben, und zwar in einem Konklave, gleichwie die Wahl eines Papstes. Zum Zwecke einer solchen Wahl schreibt der zeitige Stellvertreter des Generals die Generalversammlung aus. Der General selbst aber muß diese dann berufen, wenn er an den Konstitutionen des Ordens etwas ändern will. Doch auch dabei macht es ihm seine sonstige unumschränkte Gewalt sehr leicht möglich, blos seinen eigenen Willen durchzusetzen. Ebenso steht der Generalversammlung — nämlich nach dem Buchstaben der Konstitutionen — das Recht zu, den General abzusetzen, wenn er sich grober Vergehen gegen die Sittlichkeit oder gegen das Beste der Gesellschaft zu Schulden kommen läßt. Aber, da der ganzen Gesellschaft stets viel an der Erhaltung ihres guten Rufes, überhaupt des Scheines vor der Welt liegen muß, so verlangt ihr eigenes Interesse, es nie wirklich auf eine Absetzung ankommen zu lassen.

Das Reich des Jesuitenordens ist, wie gesagt, die ganze weite Erde; damit nun diese ungeheure Monarchie gehörig verwaltet werden kann, ist sie eingetheilt in verschiedene Assistenzen, von denen jede wieder mehrere Provinzen umfaßt. Im Anfange gab es nur vier Assistenzen, nämlich: 1) Indien, 2) Spanien und Portugal, 3) Deutschland und Frankreich, 4) Italien und Sicilien, später sechs; da wurden nämlich Frankreich, so wie Polen und Litthauen zu eigenen Assistenzen erklärt. An der Spitze jeder Assistenz steht ein Assistent; die Assistenten haben keine eigentliche Gewalt, sondern sind blos die Räthe des Generals. — Die verschiedenen Provinzen des Jesuitenstaates erstrecken sich über ganze Länder. Ueber jede Provinz ist, gleichsam als Statthalter oder oberster Regierungsbeamter, ein Provinzial gesetzt. Der General, als Souverain, ernennt ihn in der Regel für drei Jahre, beläßt ihn jedoch nach Gutbefinden auch noch länger oder nur kürzer in seinem Amte. Ein Provinzial hat den Zustand der ihm untergebenen Provinz jährlich einmal zu untersuchen und dem General darüber Bericht zu erstatten; er muß alle weltlichen Verwaltungsgeschäfte besorgen und seine Untergebenen fortwährend genau überwachen, ebenso die Lehrer (wie überhaupt den Zustand der Studien), und muß streng Acht haben, daß in seiner Provinz kein Buch ohne Bewilligung des Generals in Druck gegeben werde. Sodann ist er verpflichtet, alle drei Jahre Provinzialversammlungen zu halten, wobei nur Professen von vier Gelübden und die unter ihm stehenden Vorsteher der Ordenshäuser und Kollegien zugelassen werden; diese Provinzialversammlungeu haben den Zweck, einen Bevollmächtigten der Provinz zu erwählen für die sogenannte Versammlung der Prokuratoren, welche aus dem Generale, den Assistenten und eben jenen Bevollmächtigten der Provinzen besteht, um über die Nothwendigkeit einer Generalversammlung zu berathen. Gleichwie der Jesuit von dem Augenblick an, in welchem er in den Orden eingetreten ist, keine Blutsverwandten, sondern nur Ordensbrüder hat, keinen irdischen Souverain mehr, sondern blos seinen General, keine andere Obrigkeit, als seinen unmittelbaren Ordensvorgesetzten, keine Pflicht, als zu dem Orden, kein Eigenthum, als die gemeinsamen Schätze und Vorrechte desselben, — so hat er alsdann auch kein Vaterland mehr, sondern er gehört blos jener Ordensprovinz an, in welcher er aufgenommen worden, und zwar als Unterthan; so wie ihn der General in eine andere Provinz versetzt, steht er dann auch unter den Oberen in derselben. So völlig losgetrennt von den heiligsten Banden des Vaterlandes, lebt und webt der Jesuit blos als Unterthan seines unsichtbaren Weltstaates.

Unter der obersten Aufsicht des Provinzials stehen folgende einzelne Ordensanstalten in den Provinzen, welche alle wieder ihre besonderen Vorgesetzten und Beamten haben. Zuerst die Profeßhäuser, in welchen die Professen von vier Gelübden wohnen. Diese Profeßhäuser haben keine Einkünfte, noch Güter, und die Vorsteher derselben heißen Pröpste (Praepositi). Sodann die Noviziat- (oder Prüfungs-) Häuser, in welchen die Novizen, Schüler und jene Väter wohnen, welche die dritte Prüfung noch nicht überstanden haben; diese Noviziathäuser haben Einkünfte, und ihre Vorsteher heißen Novizenmeister; in jedem befindet sich außerdem ein Examinator, welcher die Prüfungen der Aufzunehmenden leitet. Als eine Art von Aushülfe statt der Profeßhäuser und Kollegien, gibt es an Orten, wo solche nicht aufkommen können, sogenannte Residenzen; in diesen wohnen mehrere Jesuiten, welche in der Umgegend predigen und Beichte hören, oder in stiller Ruhe sich mit wissenschaftlichen Arbeiten befassen; zuweilen werden auch Mitglieder, welche für den Orden Aergerniß gaben, in solche Residenzen, als in Strafanstalten versetzt. In protestantischen Ländern endlich errichten die Jesuiten sogenannte Missionen, leben darin unbeachtet, wie Weltgeistliche, und suchen den Katholicismus wieder herzustellen.

Die Unterrichtsanstalten sind entweder Kollegien oder Seminarien. Die Kollegien bestehen aus Gymnasien und Fakultätsstudien. Die Gymnasien umfassen wieder mehrere Klassen. In den Fakultätsstunden werden Mathematik, Moralphilosophie, Logik, Physik und Metaphysik, Kasuistik, scholastische Theologie, hebräische Sprache und das Studium der heiligen Schrift gelehrt. Mit den Kollegien sind auch Konvikte verbunden, in welchen auch auswärtige Schüler (wie in Pension) aufgenommen werden, größtentheils Söhne aus guten Häusern; dadurch haben die Jesuiten Gelegenheit, sich viele Affiliirte (die ihnen so brauchbar sind) heranzuziehen und frühzeitig ganz für den Orden zu gewinnen. In den Seminarien hingegen bilden sie diejenigen von ihren Schülern aus, welche sie für die Zukunft als Professoren anstellen wollen.

Der Plan, welchen die Jesuiten von Anfang her bei ihrer Erziehung und Bildung der Jugend zu Grunde gelegt und konsequent befolgt haben, ist ein Beweis von ihrer tiefen Menschenkenntniß. Auch lassen sich daraus zum Theil das Ansehen, der Einfluß und die Macht erklären, welche sie in der Welt erlangt haben. Ihr höchster Zweck war dabei einzig der: dem Orden taugliche und berühmte Mitglieder, so wie geneigte Freunde und Gönner im Weltleben zu erziehen. Dazu war die strengste Aufsicht über Lehrer und Schüler nöthig. Deshalb durfte weder ein Lehrer eine eigene freie Meinung vortragen, noch ein Schüler Gelegenheit finden, sich ein eigenes freies Urtheil zu bilden und auszusprechen. Aber, je weniger Freiheit der Denkkraft wirklich vergönnt war, um so mehr wurden dagegen die Geister der Jugend durch den trügerischen Anschein derselben gereizt. In den Gymnasialklassen war bloßes Auswendiglernen die Hauptsache und wurde am meisten belohnt, — Grund genug für eine ehrgeizige Jugend in der Uebung des Gedächtnisses zu wetteifern und jeden höheren Zweck der Studien darüber bei Seite zu setzen. Die Kenntniß der griechischen Literatur wurde allzusehr vernachlässigt, ebenso durch Einführung des Lateinischen als Umgangssprache der Schüler die Entwickelung der Volkssprache, besonders in Deutschland, gehemmt. In den höheren Studien wurden die Jünglinge nicht in das tiefere Wesen der Wissenschaften eingeführt, sondern die todten Formen wurden ihnen als das Höchste dargestellt und zunächst dann die Kunst, mit spitzfündigen Schlüssen zu disputiren, besonders über einzelne Fälle, die selten oder gar nie in der Wirklichkeit vorkommen konnten (das heißt man die Kasuistik); da kamen oft die abentheuerlichsten Streitfragen vor, welche die Phantasie der jungen Leute ebenso sehr anregten, wie deren Eitelkeit, so daß einer den andern durch unnützen Scharfsinn zu überbieten suchte. Durch solche Spiegelfechtereien, welche den Schein des Ernstes hatten, wurde die Jugend von der Lust und Liebe zu tieferen ernsten Forschungen abgehalten, und zugleich war die Kunst zu disputiren eine gute Vorschule für jene Jesuitenzöglinge, welche dereinst Staatsmänner, Diplomaten und dergleichen werden und dem Orden nützen konnten, so wie für jene, welche im Orden selbst blieben und dann gar oft Trugschlüsse nöthig hatten, um so manche Ordenshandlung, welche jeder Mann von gesundem Kopfe und ehrlicher Brust für niederträchtig gehalten hätte, als eine rechtschaffene, ja sogar gottgefällige vertheidigen zu können. Außerdem verstanden es die Jesuiten meisterhaft (und sie verstehen es auch noch), die leicht empfänglichen Gemüther der Jugend ganz und gar für sich, ihre Lehrer, einzunehmen. Sie ließen sich stets freundlich und wohlwollend zu ihren Schülern herab; sie spornten den Ehrgeiz derselben durch öffentliche Redeübungen und öffentliche Preisvertheilungen; sie wirkten auf ihre Phantasie durch öffentliche Schauspiele, welche sie von der Jugend aufführen ließen; ja selbst der Anstrich von militärischer Ordnung, welche sie in der Eintheilung der Beschäftigungen, sogar der Spiele aufrecht hielten, hatte für die Jugend etwas sehr Anziehendes. Den Aeltern aber imponirte der gelehrte Prunk ihrer Söhne, welche blos lateinisch reden durften, so wie der äußere feine Anstand, welchen dieselben in den Jesuitenschulen lernten, ungemein, so daß diese weit und breit als die besten gepriesen wurden, und daß jeder Vater, dem das Wohl seiner Söhne am Herzen lag, sie in die Jesuitenschule schickte; die natürliche Folge davon war die, daß die anderen geistlichen und weltlichen Schulen aus Mangel an Besuch und Unterstützung in Verfall kamen. Dabei versäumten es die Jesuiten nicht, die Knaben und Jünglinge auch durch die Bande der Religion an den Orden zu fesseln, und sie machten diese zu einem wesentlichen Bestandtheile der Erziehung; Religionsunterricht, Gebete, Andachtsübungen und Lesung geistlicher Bücher wechselten mit den Lehr- und Feierstunden, tägliches Messehören, oftes Beichten und Empfangen des Abendmahles — dies alles erwarb den Schülern ebenso großes Lob bei den Jesuiten, als ihr Fleiß und ihre Fortschritte in den Studien, und verschaffte den Lehrern eine vollständige Einsicht in die Herzen ihrer Schüler und eine unbegränzte moralische Gewalt über sie. Also war das jesuitische Schulwesen bestellt. Die Vorsteher der Kollegien und Seminarien hießen Rektoren. Sie standen (wie auch die

Vorsteher der Konvikte, Profeßhäuser, Noviziate) unter dem Provinzial, und hatten an diesen jährliche getreue Berichte abzustatten: über den Zustand der ihnen untergebenen Anstalten, über die Thätigkeit der darin befindlichen Schüler und Brüder, so wie über die Schenkungen an die Ordenshäuser. Aus diesen einzelnen Berichten mußte dann jeder Provinzial einen Gesammtbericht zusammenstellen und an den General zu Rom schicken.

Berichterstattung war überhaupt eines der wesentlichsten und wichtigsten Mittel, wodurch der General, an der Spitze des ungeheuren Ordensstaates stehend, denselben in jedem Augenblicke vollkommen übersehen, jedes Mitglied von besonders hervorragenden Fähigkeiten auch in der weitesten Ferne kennen lernen und an den für dasselbe geeigneten Platz hinstellen, kurz die kunstreiche Maschine der Verwaltung zweckmäßig lenken konnte. Zu diesem Zweck erhielt der General auch alljährlich von den Provinzialen einen kurzen schriftlichen Ueberblick, welchen die Vorsteher der Häuser und Kollegien abfassen und dem die Provinziale ihre besonderen Bemerkungen beifügen mußten; ferner erhielt der General auch alle drei Jahre durch Bevollmächtigte der Provinz zwei auf ähnliche Weise angefertigte ausführliche Listen aller Mitglieder, worin Name, Alter, Ordensgrad, Leibesbeschaffenheit, geistige Fähigkeiten, Thun und Lassen eines jeden Einzelnen auf's Genaueste angegeben waren. Außerdem bestellte der General noch eigene Visitatoren, welche die Provinzen (zur strengeren Controle) bereisen und auch die Provinziale insbesondere beobachten mußten. Deshalb wurden auch diejenigen, welche sich in den Orden aufnehmen lassen wollten, lange und sorgfältig geprüft und beobachtet, und zum blinden Gehorsam angehalten, bevor man sie zum Noviziat zuließ, und darin mußten sie, mit völliger Entäußerung aller natürlichen Liebesbande und Neigungen, zwei Jahre hindurch, zuweilen noch länger, verharren, bevor sie die einfachen Gelübde ablegen durften; erst dann hatten sie Aussicht auf Beförderung zu höheren Graden. Ebenso machten sich die Ordensmitglieder gleich bei ihrer Aufnahme verbindlich: einer den andern insgeheim sorgsam zu beobachten und jeder die Fehler und Vergehungen seines Ordensbruders den Oberen anzuzeigen.

Dieses System einer durchgreifenden Controle und wechselseitigen geheimen Polizei, ohne welches keine Despotie bestehen kann, beförderte freilich die Verstellung und Heuchelei, aber es hatte dafür eine andre, dem Orden hochwichtige Folge. Da nämlich jeder einzelne Jesuit wußte, daß sein ganzes Leben und alle seine Fähigkeiten dem General genau bekannt waren, und daß es im Interesse des Ordens lag, nur die tüchtigsten Mitglieder zu höheren Würden zu befördern, so suchten natürlich die Talentvollsten und Thatkräftigsten sich immer mehr Verdienste um den Orden zu erwerben; die Belohnung dafür, nämlich eben jene Beförderung zu einem höheren Wirkungskreise im Orden, eine immer größere Selbstständigkeit, die Herrschaft über Untergebene und endlich die Aussicht auf das höchste Ziel, auf die Generalswürde, entschädigte sie reichlich für ihre eigene frühere untergeordnete Stellung. Dies ist der Grund, weshalb die Ordensverfassung — so despotisch sie auch war — weit entfernt, fähige Männer vom Eintritte in den Orden abzuschrecken, solche vielmehr anzog; dadurch blieb er stark, daß das höchste Interesse jedes einzelnen Jesuiten einzig und allein das Gesammtinteresse des Ordens sein mußte, daß jeder Egoismus eines Einzelnen aufging in dem des ganzen Instituts. Aber ebenso nahm sich dieses stets mit ganzer Macht eines jeden Einzelnen an, wenn ein Solcher gekränkt, sogar durch eigne Schuld von der weltlichen Obrigkeit verfolgt war, oder seinen Ruf auf's Spiel gesetzt hatte. Warum aber that dies der Orden? Wieder aus Egoismus; denn, da sich der ganze Orden durch den angeblichen Besitz des vollen göttlichen Gnadenschatzes den Anschein der Untrüglichkeit und Heiligkeit anmaßte, so war ja in der Ehre jedes einzelnen Jesuiten stets die des ganzen Ordens gekränkt. Kurz: diese innige Verschmelzung der beiderseitigen Interessen, der des ganzen Ordens und jener jedes einzelnen Mitgliedes, erhielt, statt des Vertrauens, die innere Einigkeit, erhielt statt des rechtlichen Vertrages das Gleichgewicht, erhielt die Größe, den Glanz und Bestand des Ordens.

*   *

*

So stand denn der Jesuitenorden als ein durchaus eigenthümlicher Staat da, als Weltstaat, und zwar nicht blos in geistiger Bedeutung dieses Wortes, sondern auch in rein weltlicher, die ganze Erde mit der ungeheuren Kette des Egoismus umschlingend, einer Kette, deren Glieder die einzelnen Mitglieder des Ordens waren. Die erste Folgerung, welche sich aus diesem stolzen Anspruche ergab, war die der Selbstständigkeit. Um diese zu erreichen, genügten dem Orden die zahlreichen päpstlichen Privilegien nicht; er bedurfte auch jenes gewaltigen Talisman's, welcher auf Erden größere Wunder wirkte, als alle Beredsamkeit, welcher leichtere Siege erringt, als alle Kriegsheere, und welcher leider die Stimme der Wahrheit, der Treue und Redlichkeit so oft zum Schweigen bringt; kurz: er brauchte Geld. Die Kunst, Reichthümer zu erwerben, war daher ein wichtiger Theil in der Ordenspolitik. Almosen reichten für die ungeheuern Finanzbedürfnisse des Jesuitenstaates nicht aus; um so ergiebiger waren für denselben die Verfügungen der in den Orden Eintretenden über ihr Vermögen, sodann die Geschenke und Vermächtnisse andächtiger Personen, worunter namentlich der Monarchen und des Adels. Daher wendeten die Jesuiten alle möglichen Ränke an, um ansehnliche Erbschaften zu erschleichen; sie ängstigten die Gewissen reicher Erblasser und betrogen sie durch die Vorspiegelung, daß sie für das Geld ihnen Tausende von Seelenmessen lesen, und, kraft des jesuitischen Vorrechts bei Gott, die ewige Seligkeit erwirken würden. Um den Geldzweck zu erreichen, wie auch, um Unterhandlungen ohne Aufsehen zu betreiben, verstießen sie oft scheinbar Mitglieder aus ihrem Orden (und der General durfte dies ja lediglich nach seiner Willkühr). Solche scheinbar Ausgestoßene erwarben dann Erbschaften, und wenn sie dies gethan, nahm sie der General in den Orden wieder auf, und sie brachten nun diesem das erworbene Vermögen zu. Es kümmerte den Orden nicht, ob durch solche Erbschleichereien die rechtmäßigen Erben beeinträchtigt und in die bitterste Noth gebracht wurden; ja die Jesuiten scheuten, bei ihrer frevelhaften Moral, daß der Zweck das Mittel heilige, auch selbst Verbrechen nicht, um zu jenem Ziele zu gelangen. Oft verschwanden rechtmäßige Erben von der Erde, ohne daß man wußte wie; es giebt Beispiele genug, sogar in neuerer Zeit, daß diese ruchlosen Erbschleicher ihre Opfer zum Wahnsinn brachten. Endlich trieben die Jesuiten auch Geldgeschäfte und rafften den Handel in Amerika und Indien größtentheils an sich, wobei sie ungeheure Summen gewannen, aber nicht immer auf rechtlichem Wege. Doch nach ihrem Grundsatze: „der Zweck heiligt das Mittel," machten sie sich kein Gewissen daraus; ihr Zweck war der Vortheil des Ordens, und der Orden (so sagten sie) war ja zur größeren Ehre Gottes da, also mußten auch Wucher und Betrug blos zur Beförderung der größeren Ehre Gottes dienen, und wurden dadurch gerechtfertigt.

Natürlicherweise kann ein Staat, welcher sich für den von Gott berechtigten alleinigen Weltstaat hält oder ausgibt, alle anderen neben sich nicht dulden; sie erscheinen ihm als Anmaßung, und wenn er sich in jener Eigenschaft behaupten will, so muß er sie erobern. Das hat denn der Jesuitenorden auch gethan, aber mit unsichtbaren Waffen. Bei den heidnischen Völkerschaften in Asien und Amerika breitete er seine Herrschaft unablässig durch Missionen aus; er ließ nämlich dort das Christenthum predigen, wodurch er sich in Europa hohen Ruhm verschaffte, und unter jenem heiligen Vorwande vermehrte er auch seine Reichthümer, seine Macht. Den christlichen Reichen gegenüber mußte der Orden feiner und schlauer zu Werke gehen; da mußte er, wenn er über die Fürsten und über die Völker sicher herrschen wollte, gerade den Schein der Herrschsucht mit der größten Sorgfalt vermeiden; auch mußte er bei protestantischen Staaten einen andern Weg einschlagen, als bei katholischen. Das hat er denn auch mit einer wahrhaft erstaunlichen Menschenkenntniß, Staatsklugheit und Konsequenz gethan. In den katholischen Staaten war das tiefberechnete Verfahren des Ordens, um die Alleinherrschaft zu erringen, folgendes: Die Jesuiten unternahmen ihre Angriffe zu gleicher Zeit von der einen Seite auf das Volk und von der andern Seite auf die Monarchen. Vor allem strebten sie, sich bei beiden einzuschmeicheln und sich beiden unentbehrlich zu machen. Deshalb umgaben sie sich mit dem blendenden Schein einer ganz besonderen Frömmigkeit, befestigten den Glauben der Menschen an den unerschöflichen geistlichen Gnadenschatz des Ordens, und brachten es auf alle Weise dahin, daß man sie als Beichtväter suchte. Als solche hatten sie dann die volle Gewalt über die Gewissen und dadurch auch mit leichter Mühe über die Willenskraft der Gläubigen. Diese Gewalt erhielten sie sich dadurch, daß sie nicht allzu streng gegen ihre Beichtkinder waren, vielmehr denselben manche Sünden und zwar gerade diejenigen, welche sie am liebsten begingen, unter nichtigen, ja geradezu unsittlichen und verwerflichen Vorwänden gerne nachließen. Ihre Politik war: sich den verschiedenen Sitten der Menschen anzuschmiegen, mit den Strengen streng, hingegen mit Leuten von weitem Gewissen auch wieder nachsichtig zu sein, überall den Neigungen entgegen zu kommen und zu schmeicheln. Volk und Monarchen trachteten sie gleichmäßig in einer geistigen Unmündigkeit zu erhalten; denn sie wußten wohl, daß man am leichtesten solche Menschen beherrschen kann, welche das Denken verlernt haben; deshalb stellten sie auch gar eifrig den angebornen Trieb des Menschen, über das Höchste, über Glaubenssachen nachzudenken, als sündhaft, als Einflüsterung des bösen Geistes dar. Indem sie so den Verstand abstumpften, regten sie die Einbildungskraft heftig auf. Aus diesem Grunde bildeten sie besonders die Verehrung der Jungfrau Maria im höchsten Grade aus und erfanden eine Menge wunderbarer Erzählungen von der geheimnißvollen unbegränzten Macht, welche die heilige Maria im Himmel zu Gunsten aller derer ausübe, die ihr auf Erden andächtig dienten; ja sie erweckten in den Gläubigen die Vorstellung, daß Maria eine noch größere Macht habe, als ihr Sohn, der Heiland, diese zweite göttliche Person. So erhoben sie die Schwärmerei ihres Ordensstifters Loyola zu einem Glaubenssatze. In gleichem Grade trieben sie die Verehrung der Heiligen (besonders der aus ihrem Orden) bis zur Abgötterei; lauter gemeinsinnliche Vorstellungen, wodurch der reine Gottesglaube verdüstert ward! Als tiefe Menschenkenner blieben sie dabei nicht stehen. Sie wußten, daß ungebildete Menschen durch die abergläubische Furcht vor unsichtbaren Mächten am leichtesten zu beherrschen seien. Deshalb ersannen sie tausend abentheuerliche Erzählungen von den Listen der bösen Geister gegen die Menschen und, wenn sie dadurch schwache Gemüther geschreckt und bis zur Verzweiflung verwirrt hatten, so boten sie sich selbst, wie höhere mächtige Wesen, zu Rettern dagegen an. In diesem Geiste sind ihre berühmten „geistlichen Uebungen,“ das sind, so zu sagen, Kampfübungen gegen die Anfechtungen des Teufels, wobei sich die schwachen Gläubigen ganz der Leitung der Jesuiten überlassen mußten: ein mit wahrhaft teuflischer Schlauheit gewebtes Netz, worin diese die gesunde Vernunft fingen und abtödteten. Außerdem suchten sie planmäßig auch im Gottesdienst durch blendenden Prunk der Ceremonien auf die sinnlichen Vorstellungen zu wirken, um dadadurch jede Regung eines tieferen Gemüthsbedürfnisses abzustumpfen. Zu diesem Ende veranstalteten sie theatralische Feste, stattliche Aufzüge und prunkvolle Kirchenfeierlichkeiten. Außerdem erlangten sie großes Ansehen durch den Schein ihrer Gelehrsamkeit, und allerdings muß man, um nicht ungerecht zu sein, auch einräumen, daß sie in einzelnen Wissenschaften, wie in den mathematischen, Anerkennenswerthes geleistet, und daß Erd-, Länder- und Völker-, so wie Sprachkunde in Folge ihrer mit wahrem Muth und beispielloser Ausdauer vollbrachten Missionen manche Bereicherung erhielten. Da sie nirgends eine abstoßende mönchische Strenge an den Tag legten, da sie ferner durch die Jugenderziehung mit den Familien auf's innigste zusammenhingen und besonders die Frauen an sich zu fesseln verstanden, so konnte es nicht fehlen, daß ihr Einfluß auf das Volk zu einer wahren Herrschaft ward. — Den Einfluß, welchen sie auf die Monarchen, als deren Beichtväter, hatten, trugen sie nicht immer zur Schau; ja dies war ihnen nach ihrer Ordensverfassung sogar verboten, und wenn sie, in solcher Stellung, die wichtigsten Angelegenheiten zu Stande brachten, so versteckten sie sich immer hinter die Monarchen, so daß es schien, als ob diese aus freien Stücken gehandelt hätten; dadurch vermieden sie klug alle Gehässigkeit und luden diese den Monarchen selbst auf. Uebrigens mußten sie, in Folge ihrer Ordensverfassung, stets dahin arbeiten, daß die Monarchen dem Orden wohlgewogen blieben und dessen Bestes beförderten. Ebenso mußten sich die jesuitischen Beichtväter der Monarchen, wenn sich diese in zweifelhaften Fällen bei ihnen Raths erholen wollten, stets an die Ordensobern wenden und deren Gutachten einziehen. Endlich — und das war von größter Wichtigkeit — theilten sie die Beichten der Monarchen dem Ordensgeneral mit. Das war freilich eine frevelhafte Verletzung des Beichtgeheimnisses; aber sie entschuldigten dies Verbrechen wieder durch den guten Zweck, zu welchem es begangen werde, nämlich durch den Vortheil des Ordens. So wußte demnach der Ordensgeneral in Rom die geheimsten Gedanken und Vorsätze aller katholischen Monarchen, und konnte sie durch seine Kreaturen, die Beichtväter, wie Puppen an Drähten, ganz nach seinem Gefallen lenken, — und durch sie wieder die Völker; so hatte er jeden Feind des Ordens, jeden Freund der Wahrheit und Freiheit durch die Könige, wie durch seine Sklaven, ja wie durch seine Schergen, in seiner Gewalt, und die Majestät, von welcher die Völker Schutz, Heil und Segen erwarteten, mußte ihm dienen zur Vollstreckung seines Despotismus. — Anders war es in protestantischen Staaten. Da richtete sich die Politik des Jesuitenordens nach den verschiedenen Umständen nnd Zeitverhältnissen. War z. B. der Monarch katholisch und das Volk protestantisch, so schlichen sie sich in das Vertrauen des ersteren ein und trieben ihn durch alle erdenklichen Einflüsterungen, geistliche Verheißungen, Drohungen und Zusprüche so weit, daß er selbst auf die Gefahr hin, Thron und Land zu verlieren, sein Volk zu bekehren suchte. War hingegen der Monarch protestantisch und auch nur ein Theil des Volkes katholisch, so wiegelten sie das Volk wider jenen auf, schilderten ihm denselben als einen von Gott verfluchten Tyrannen und lehrten frech, daß man ihn ungestraft ermorden dürfe, ja daß dies Verbrechen, weil es zur größeren Ehre Gottes begangen würde, sogar ein vor Gott höchst verdienstliches Werk sei; ja sie verführten einzelne Schwärmer zum Königsmord, und wenn solche Verbrecher ergriffen und gerichtet wurden, so priesen sie dieselben noch gar als Märtyrer für den heiligen Glauben. — Waren Fürst und Volk protestantisch, so schlichen sie sich in weltlichen Kleidern, als Kaufleute, Botschafter oder dergleichen in's Land, gaben sich sogar für Protestanten aus, fingen dann im Stillen an zu wirken, und ließen alle Minen springen. Kurz: sie benahmen sich als offene Feinde, obwohl sie nie den Schein davon haben wollten, stifteten Empörung, Meuterei, Revolution und Bürgerkrieg und heiligten die scheußlichsten Verbrechen.

Dies führt zu einem kurzen Ueberblick der jesuitischen Sittenlehre. Wer dieselbe ausführlich kennen lernen, den ganzen Abgrund scheußlicher Verworfenheit aufgedeckt sehen will, der lese das Buch: „die Moral und Politik der Jesuiten", von Ellendorf, worin dieser treffliche, leider zu früh verstorbene Kämpfer für Wahrheit und Recht aus den Schriften der vorzüglichsten theologischen Autoren dieses Ordens selbst jene verworfene Moral und Politik der Jesuiten geschildert hat, und die etwaige Gegenrede, daß man die schlechten Grundsätze und Verbrechen von etwa nur 200 Schriftstellern des Ordens nicht dem ganzen Orden zur Last legen dürfe, ganz einfach dadurch widerlegt, daß alles, was die Moraltheologen und Politiker des Ordens Schlechtes und Gräuelhaftes geschrieben und haben drucken lassen, mit der förmlichen Approbation des Ordens erschienen ist.

Der oberste Grundsatz der jesuitischen Sittenlehre hieß, wie gesagt:

Der Zweck heiligt das Mittel!"

Ein Grundsatz, welcher, wenn er von Jedermann befolgt würde, bald die Treue aus der menschlichen Gesellschaft verjagen, und jedes noch so scheußliche Verbrechen in eine Tugend verwandeln würde, ein Grundsatz, welcher die Bande der Familien und des Staates zerreißen würde. Es ist der frechste Hohn des Egoismus gegen das erhabene Sittengesetz des Heilandes, welcher sich aus höchster aufopfernder Liebe für alle Menschen in den Tod begab, desselben Heilands, dessen Namen sich der Orden anmaßte und noch führt.

Die nächsten Folgerungen, welche die Jesuiten aus jenem verbrecherischen Hauptgrundsatz ableiteten, waren folgende. Sie behaupteten: „Gott, als höchster Richter, beurtheile nicht die äußere That, sondern blos die geheime Absicht des Thäters. Daher sei keine That, ob sie auch nach menschlicher Beurtheilung noch so unmoralisch und verbrecherisch scheine, es auch wirklich, wenn nicht auch die Absicht böse sei. Wenn daher der Thäter seiner bösen That eine gute Absicht unterschiebe, oder eine solche auch nur an die Stelle der schlechten setze, so sei er gerechtfertigt." Was folgte daraus? Daß sich jedes Verbrechen nicht blos nachträglich rechtfertigen, sondern, daß es sich überhaupt ohne Gewissensskrupel begehen ließ. Diese furchtbare Theorie haben die Jesuiten völlig zu einer eigenen Wissenschaft ausgearbeitet.

Und also theilten sie die verschiedenen Berechtigungen zu sündigen ein: „Man darf sündigen, wenn man irgend eine billigende Meinung eines Schriftstellers als Autorität für seine Handlung auffinden kann." Und warum? Weil dabei die böse Absicht nicht auf dem Thäter haftet, sondern auf einem Dritten (nämlich auf jener Autorität). Dann heißt die böse That probabel. Dieses System nannten die Jesuiten den „Probabilismus." — „Man darf ferner sündigen" (behaupteten sie) „wenn man sich einen erlaubten Gegenstand als Zweck der Handlungsweise einbildet." Das nannten sie „die Leitung der Absicht." — „Man darf sündigen, mit innerem Vorbehalt (reservatio mentalis), wenn man bei einer Aeußerung eine andere Absicht denkt, als sie ausdrückt." Warum? Weil man sich dann eine Beschränkung seiner Absicht hinzudenkt; dadurch ist die Aeußerung für das Gewissen etwas wesentlich andres, als was sie scheint. — „Man darf sündigen durch Zweideutigkeit, wenn man einen Ausdruck gebraucht, der mehrere Bedeutungen hat, und in Gedanken eine andre Bedeutung des Wortes als Absicht annimmt, als jene, welche der Hörende glaubt und annimmt." So rechtfertigten sie Lüge, Betrug und Meineid, Mord und Unzucht. Außerdem gab es auch noch viele andre solcher jesuitischer Trugschlüsse; aber das Schamgefühl verbietet, sie wieder zu erzählen.

Dies ist das System der jesuitischen Sittenlehre, und der Orden hat dasselbe auch praktisch angewendet. Am furchtbarsten aber in Bezug auf seine Politik. In den Schriften der berühmtesten Ordensmitglieder ist die Idee einer ursprünglichen Volkssouverainetät mit aller Kunst in Trugschlüssen aus jeder geschichtlichen Entwickelung herausgerissen, jede rechtliche Grundlage des Verhältnisses zwischen Fürsten und Volk aufgelöst und der Grundsatz aufgestellt, daß das Letztere das Recht habe den Ersteren abzusetzen, oder das Königthum abzuschaffen und die bestehende Form der Staatsverfassung in eine andere zu verwandeln. Doch damit nicht genug! In grausenhafter Folgerichtigkeit leiteten sie daraus auch die Erlaubtheit, ja die Rechtmäßigkeit des Fürstenmordes ab; freilich nannten sie das blos Tyrannenmord, aber ein Tyrann war und ist nach jesuitischer Deutung jeder Fürst, welcher den Jesuiten als ein Ketzer oder Beschützer von Ketzern, als ein Feind ihres Ordens und der römischen Hierarchie oder wenigstens als ein solcher erscheint, der sich von beiden nicht abhängig machen und auch sein Volk vor einer solchen Abhängigkeit schützen will. Und einen solchen Fürsten als Tyrannen zu ermorden, erklärten sie für ein Werk, welches „zur größeren Ehre Gottes gereiche!"

Dies, o deutsches Volk, ist der Gipfel der jesuitischen Moral und Politik. Kannst du, ein Volk, welches die Treue ebenso hoch hält als die gesetzliche Freiheit, du, dem der Eid etwas Heiliges ist, das du die Person des Fürsten als unantastbar achtest und lieber dein Herzblut freudig hinströmst, als daß es einem Frevler gelänge, sie zu verletzen, — kannst du, edles, sittliches deutsches Volk, einen Orden für unschädlich achten, dessen Mitglieder solche Grundsätze, mit Billigung ihrer Oberen gedruckt, öffentlich kundgaben und noch keineswegs öffentlich widerrufen haben? Wohl darf man sagen, daß es unter den Jesuiten zu allen Zeiten auch wahrhaft edle und tugendhafte Männer gegeben hat, welche solche scheußliche Grundsätze im Stillen verabscheuten und keineswegs befolgten, sondern vielmehr als ächte Priester unserer erhabenen und heiligen Christusreligion nur Liebe und Versöhnung predigten, für Liebe und Versöhnung lebten und starben. Aber diese Beispiele von einzelnen Ehrenmännern heben die Grundsätze des Ordens nicht auf, der heute noch derselbe ist, wie früher, der heute wie früher noch Ketzerhaß und Verfolgung aller derjenigen predigt, welche dem

Orden widerstreben. O deutsches Volk, dessen schöner Ruhm die Treue ist, sei mannhaft auf der Hut, und wahre deine Schwelle, daß die Pest dieser königsmörderischen Moral nicht Eingang in deine Häuser und Hütten finde, und dein Name vor Gott und allen Völkern der Erde rein bleibe!

Viertes Kapitel.

Wie die Jesuiten nach vielen Kämpfen in Frankreich die Herrschaft errungen und verderblich mißbraucht haben.

Das Königreich Frankreich befand sich seit der Zeit, als die Reformation darin verbreitet worden, in Verwirrung, Bürgerkrieg und Elend. Aber daran war nicht die Reformation schuld, sondern die Herrschsucht zweier mächtiger Partheien, welche die Religion zum Vorwand nahmen. Eine Parthei, die der Herzoge von Guise, entflammte den Glaubenseifer der Katholiken gegen die Reformirten, welche in Frankreich „Hugenotten" hießen. Diese wurden, aus blinder, fanatischer Raserei, mit unmenschlicher Grausamkeit verfolgt und sollten mit Feuer und Schwert ausgerottet werden. Aber gerade diese Unterdrückung erhöhte nur den Muth und die Standhaftigkeit der Hugenotten. Eine andre Parthei, die des Hauses Bourbon (welches eine Seitenlinie des damals herrschenden französischen Königshauses Valois war) schloß sich nun an die verfolgten Hugenotten an. Der König Karl IX. war damals noch ein Knabe und seine ränkevolle und herrschsüchtige Mutter, Katharina von Medici, welche die Regentschaft führte, wollte eine Parthei durch die andere in Schach halten. Als der kluge Jakob Lainez, welcher damals General des Jesuitenordens war, diese Lage der Dinge in Frankreich überblickte, dachte er: „Das ist der günstige Zeitpunkt, um dem Orden in Frankreich endlich Eingang zu verschaffen; denn die katholische Parthei kann ihn brauchen." Obwohl nun der königliche Hof den Orden begünstigte, so widersetzten sich demselben doch fortwährend die französische katholische Geistlichkeit, eifersüchtig auf dessen ungeheure Vorrechte, und das Parlament. Da ward im Jahre 1561 zu Poissi ein Religionsgespräch gehalten, um die Katholiken und Hugenotten in Güte zu vertragen. Zu diesem Gespräch kam auch Lainez, welcher auf Befehl des Papstes den Kardinal von Ferrara begleitete, und bewirkte nicht nur, durch seine Klugheit und seine dialectische Gewandtheit, vor welcher die gelehrten Stimmführer der Hugenotten nicht aufzukommen vermochten, daß das Religionsgespräch abgebrochen wurde, sondern auch durch seine sonstigen Bemühungen die Aufnahme des Jesuitenordens in Frankreich; jedoch unter der Bedingung, daß derselbe dort auf die Ausübung der päpstlichen Privilegien verzichtete und sich der bischöflichen Gerichtsbarkeit unterwerfen mußte. Der Orden versprach dies, aber freilich mit dem jesuitischen „inneren Vorbehalt", sein Versprechen nicht zu halten. Und alsobald wurden zu Avignon, Rhodes, Moriac, Lyon und an anderen Orten Jesuitenschulen gestiftet, und Lehrer mit glänzenden Talenten traten hervor; alsobald erbauten sich die Väter von der Gesellschaft Jesu ein großes Kollegium in Paris, eröffneten ihre Schulen und wollten nun auch die Universität unter ihren Einfluß bringen. Diese aber wehrte sich muthig um ihre Selbstständigkeit. Es kam zu einem Prozesse zwischen der Universität und den Jesuiten. Da bestachen diese wohl manchen Advokaten; aber einen Mann von großen Geistesgaben und edlem Muth konnten sie doch nicht unschädlich machen. Er hieß Stephan Pasquier. Vor den Schranken des Parlaments enthüllte er das System des Ordens, und sprach dazu: „Wo Jesuiten geduldet werden, da kann kein Fürst und Potentat sich gegen ihre Angriffe sichern. Duldet ihr sie, so werdet ihr nur allzuspät und mit bittrer Reue erkennen, daß ihre Ränke nicht blos die Ruhe Frankreichs, sondern auch die der ganzen Welt stören werden." In gleichem Sinne sprach auch der Generaladvokat du Mesnil, und gegen die überzeugende Sprache der Wahrheit, welche diese beiden scharfsinnigen und ehrenhaften Männer führten, konnten die Jesuiten nicht aufkommen. Da bat der stolze Ordensgeneral den Papst fußfällig um seinen Schutz gegen die Universität Paris, und dieser empfahl die Sache des Ordens dringend dem Bischof von Paris, während der Jesuit Possevin den Hof dafür bearbeitete. Die

Folge davon war, daß der Prozeß nicht entschieden wurde und daß die Jesuiten die Erlaubniß bekamen, öffentlich zu lehren.

Bald entbrannten in Frankreich die schauderhaftesten Bürgerkriege im Namen der Religion; die katholischen Machthaber schändeten ihren Glauben und sich selbst durch die unerhörtesten Treulosigkeiten und durch eine beispiellose Blutgier. In der Nacht vor dem Bartholomäustag 1572 erging zu Paris auf Befehl der Königin Katharina von Medici über die Hugenotten jenes scheußliche Gemetzel, welches in der Geschichte unter dem Namen der „Pariser Bluthochzeit" bekannt ist. Es ist entsetzlich, wenn man denkt, daß diese verruchte Frau den Fanatismus des Pöbels benutzte und noch heißer entzündete, lediglich um ihre Selbstherrschaft zu befestigen; denn weil sie sah, daß die Hugenotten den König, ihren Sohn, gewannen und daß somit ihr Ansehen in Gefahr stand, vollbrachte sie das blutige Werk, und die Religion wurde als Deckmantel der Intrigue und der persönlichen Leidenschaften mißbraucht. Da wurden in Paris und in den Provinzen hunderttausend Christen ermordet, weil sie keine Katholiken waren, und in Rom und Madrid feierte man Freudenfeste über das Gelingen dieses blutigen Frevels! — Karl IX. starb 1574 und sein Bruder Heinrich III. bestieg den Thron, ein leichtsinniger, wollüstiger, erbärmlicher Fürst, unter dessen Regierung der Kampf der Partheien und der Bürgerkrieg fortdauerte. Der Hof mußte sich endlich (1576) entschließen, den Hugenotten in einem Vertrage große Zugeständnisse zu ertheilen. Darüber waren jedoch alle fanatische Katholiken, die Guisen an ihrer Spitze, sehr erbittert, und schlossen einen Bund für die Erhaltung des römischen Katholicismus; dieser Bund hieß die heilige Ligue und hatte insgeheim auch noch den Sturz des französischen Königshauses zum Zweck; König Philipp II. von Spanien, den es nach dem Besitze Frankreichs gelüstete, nahm daran Theil und die Jesuiten waren dabei die eifrigsten Agenten im spanischen Interesse. Heinrich III. wurde durch einen fanatischen jungen Mönch Jakob Clement 1589 ermordet, und die Jesuiten priesen dies Verbrechen laut als ein göttliches Wunder; der Papst aber erklärte damals im Konsistorium, daß sich dadurch der Wille Gottes erkennen lasse.

Nun bestieg Heinrich von Bearn von der Bourbonischen Linie, König von Navarra, unter dem Namen Heinrich IV. den französischen Thron, einer der edelsten Fürsten, welche denselben je geziert haben, tapfer, großmüthig, klug, aufgeklärt, ein Freund und Liebling des Volkes. Um so verhaßter war er der Ligue, dem spanischen Hofe und den Jesuiten, welche fortwährend die Krone Frankreichs an Spanien bringen wollten. Zu diesem staatsverbrecherischen Zwecke versuchten sie alle möglichen Umtriebe, reizten in den Beichtstühlen das Volk zur Empörung und verführten einen ihrer Schüler, den jungen Johann Chatel, zum Königsmord, indem sie ihm denselben als das einzige Gott gefällige Werk vorstellten, wodurch er seine Seele von ewiger Verdammniß erretten könne. Der Jesuitenschüler stach (1594) dem König nach der Kehle, traf ihn aber in die Lippe, so daß derselbe gerettet ward. In der peinlichen Untersuchung, welche mit dem Mörder vorgenommen wurde, ergaben sich nun alle Ränke der Jesuiten, und sie wurden durch einen Parlamentsbeschluß, als Staatsfeinde und Verführer der Jugend, aus Frankreich verbannt, Chatel von Pferden zerrissen, der Rektor des Kollegiums zu Paris gehängt und verbrannt. Aber dem Verbannungsurtheil zum Trotze blieben die Jesuiten in Frankreich, zum Theil von der liguistischen Parthei offen geschützt, zum Theil in angeblich weltlichem Stande, und schmiedeten ihre Ränke wie vor und eh. Und es dauerte auch nicht lange, so versprach ihnen Heinrich IV. (1603), auf immerwährendes Andringen des Papstes, und weil er wohl auch befürchtete, sie möchten, wenn er sie zu Feinden habe, neue Bürgerkriege entzünden, daß sie sich wieder in Frankreich aufhalten durften. Vergeblich warnten den König seine treuen Freunde und das Parlament vor ihren staatsgefährlichen Grundsätzen; Heinrich IV. hielt sein Wort, und so wurden die Jesuiten 1604 in Frankreich wieder aufgenommen.

Kaum waren sie so geduldet, so suchten sie auch schon zu herrschen. Der Jesuit Pater Cotton wurde des Königs Beichtvater und gab sich alle mögliche Mühe, dessen treuen Freund und mächtigen Minister, den Herzog von Sülly, einen großen und edlen Staatsmann, durch Verläumdungen zu verdächtigen und zu stürzen. Die Jesuiten gewannen durch die Königin (eine bigotte Italienerin) Einfluß am Hofe und beim hohen Adel, bemächtigten sich ferner des Jugendunterrichtes und wollten auch die Universität Paris an sich bringen. Während nun der König sie begünstigte (denn es war sein Grundsatz, seine Feinde durch Wohlthaten in Freunde zu verwandeln), haßten sie ihn unversöhnlich. Und zwar aus folgenden Gründen: erstens, weil er 1589 durch das Edikt von Nantes allen Reformirten in Frankreich Gewissensfreiheit und vollen Genuß staatsbürgerlicher Rechte zugesichert hatte, und sodann, weil sie wußten, daß Heinrich IV. den kühnen Plan gefaßt hatte, das Uebergewicht der spanischen und österreichischen Macht zu brechen und durch die Vertheilung Europa's in lauter gleich mächtige Staaten ein vollkommenes Gleichgewicht herzustellen, und die Protestanten in Deutschland zu unterstützen. Dadurch war die Weltherrschaft des Jesuitenstaates bedroht. Doch Heinrich kam nicht dazu, jenen Plan in's Werk zu setzen. Er fand den Tod, wenn auch nicht durch unmittelbare Anstiftung der Jesuiten, aber um so gewisser in Folge der verbrecherischen Grundsätze, welche sie in ihren Beichtstühlen, auf den Kanzeln, durch ihre Schriften im Volke verbreiteten, und wodurch sie insbesondere die Jugend verführten. So wurde damals in Frankreich ein Buch des spanischen Jesuiten Mariana verbreitet, worin die Lehre aufgestellt und bewiesen war, daß jeder rechtmäßige König, sobald er die Religion oder die Staatsgesetze umstößt, vogelfrei sei, und durch offene Volkserhebung, so wie durch die Hand jedes Einzelnen, durch Dolch oder Gift, aus dem Wege geräumt werden dürfe. Von solchen Grundsätzen bethört, glaubte ein fanatischer Mönch, Franz Ravaillac, ein gottgefälliges Werk zu vollbringen, wenn er den König als Freund der Ketzer ermordete. Er lauerte (1610) Heinrich IV. auf offener Straße auf und durchbohrte ihn mit zwei Dolchstichen, daß er den Geist aufgab. Ravaillac ließ sich nach der blutigen That ohne Widerstand ergreifen; er wurde mit glühenden Zangen gezwickt und von Pferden zerrissen.

Laut erhob sich nun der Unwille des Volkes gegen die Jesuiten, denen man die Mitwissenschaft an dem Königsmord Schuld gab; aber die verwittwete Königin und der Hof nahmen dieselben in Schutz. Bald überwanden sie nun den letzten Widerstand der französischen Geistlichkeit und Universität Paris, erwirkten sich 1618 die Erlaubniß, alle Wissenschaften öffentlich zu lehren, und verbanden sich während der Minderjährigkeit des Königs Ludwig **XIII.** mit den Ministern zur völligen Unterdrückung der Religions- und bürgerlichen Freiheit in Frankreich.

Als aber in der Folge der Kardinal Richelieu, einer der größten Staatsmänner, den Plan Heinrichs IV. wieder aufnahm und die Uebermacht Spaniens und Oesterreichs durch seine Politik aufzulösen versuchte, um Frankreich nach außen eben so groß zu machen, als er es innerlich zu befestigen trachtete, da erhoben sich die Jesuiten im ganzen Stolz ihrer Macht und verkündigten in verschiedenen Schriften laut jene staatsgefährlichen Grundsätze, daß die geistliche Macht über aller weltlichen stehe, diese letztere an die Könige gleichsam nur verleihe und sie denselben ebenso wieder entziehen dürfe. Diese Lehre mit allen ihren Folgerungen von Erlaubtheit der Empörung und des Fürstenmordes entwickelten die Jesuiten Santarell, Busenbaum, Escobar und mehre andre. Das Gefährlichste dabei war, daß sie sich auf die ursprünglichen, unverjährbaren Rechte der Völker beriefen, und denselben den heiligen Begriff der Freiheit verfälschten, ja diese letztere selbst durch eine so blutige und verbrecherische Auslegung in Verruf brachten. Und doch vertheidigten sie eben so eifrig und spitzfindig auch die Tyrannei in allen jenen Ländern, wo sie von derselben Vortheil hatten. Da sie selbst kein Vaterland hatten, so suchten sie in Frankreich (wie überall) die Nationalität zu vernichten, sobald diese ihrem Egoismus im Wege stand. Sie hatten deshalb große Anfechtungen von Seiten manches rechtschaffenen Mannes zu bestehen; aber klug und gewandt, wie sie waren, und gestützt auf ihre Sittenlehre, welche ihnen jede Zweideutigkeit, jede Lüge, jeden Meineid erlaubte, reinigten sie sich von allen Vorwürfen, trugen den Sieg davon und befestigten sich immer mehr, sowohl in ihrer Stellung am Hofe, als auch in ihrem Einfluß auf das Volk.

Eine theologische Streitigkeit gab ihnen einen willkommenen Anlaß, ihre Macht noch mehr zu befestigen und auszubreiten.

Ein spanischer Jesuit, Namens Ludwig Molina (welcher zu Madrid im Jahre 1600 gestorben), hatte im Jahre 1588 ein Buch geschrieben, betitelt: „concordia divinae gratiae et liberi arbitrii“ (d. i. Uebereinstimmung der göttlichen Gnade und des freien Willens). Darin hatte er folgende Behauptung aufgestellt: „Die Auserwählten seien von Gott zur ewigen Seligkeit vorher bestimmt und zwar wegen ihrer Verdienste; die göttliche Gnade, durch welche sie ihre Verdienste sammeln, sei blos dadurch wirksam, daß sie ihr nicht widerstünden und Gott ertheilte sie ihnen in jenen Umständen, in welchen er die Einstimmung ihres freien Willens voraussehe.“ Dies System, welches nach seinem Urheber der „Molinismus“ genannt wurde, hatte zahllose Streitigkeiten veranlaßt und fast alle rechtgläubigen Gottesgelehrten hatten es für Ketzerei erklärt. Da aber Molina ein Jesuit war, so nahm sich der ganze Orden seiner mit Macht an; denn dieser wollte nicht zugeben, daß auch nur ein einziges Mitglied ketzerische Meinungen haben könnte; ja der Orden vertheidigte den Molinismus sogar gegen den Papst. Dennoch wollte dieser den Molinismus verdammen, und war schon im Begriff, sein Urtheil auszusprechen, als ihm die Jesuiten gerade einen wichtigen Dienst leisteten; aus Klugheit unterdrückte er nun (1611) sein Verdammungsurtheil.

Aber bald hatten die Jesuiten von zwei Seiten her höchst gefährliche Angriffe zu bestehen. Der grundgelehrte Bischof von Ypern in Holland, Kornelius Jansen, hatte ein Buch unter dem Titel: „Augustinus“ geschrieben, welches nach seinem Tode im Jahre 1640 im Druck erschien. Darin war die Lehre aufgestellt, „daß der menschliche Wille durch die irdische Lust gefesselt sei, aber in diesem Zustand der Unfreiheit durch Gottes Gnade zum Wohlgefallen am Guten herangezogen werde; das Gute aber und die Wahrheit sei Gott selbst und daher sei die Tugend Gottesliebe.“ Zur selben Zeit wirkte Jansens Freund, der fromme du Verger, Abt zu St. Cyran, durch Predigten gar mächtig für die Verbesserung der durch die Jesuiten so furchtbar verdorbenen Sittenzucht, und als er 1643 gestorben war, fuhren seine zahlreichen Schüler, welche in dem ehemaligen Kloster Port-Royal bei Paris ihren Versammlungsort hatten, rüstig fort, durch Jugendunterricht und geistreiche Schriften zu wirken; sie griffen nicht blos die jesuitischen Grundsätze an und deckten sie auf, sondern bekämpften auch die Anmaßungen des römischen Hofes. Unter jenen Männern, welche die sogenannte „Schule von Port-Royal" bildeten, zeichneten sich besonders Arnauld d'Andilly und Blasius Pascal aus, zwei der edelsten Vorkämpfer für Wahrheit und Aufklärung in Frankreich. Der Jesuitenorden erkannte mit stillem Grimm den ganzen Umfang der drohenden Gefahr; er bewirkte 1653 vom päpstlichen Stuhle das Verbot des von Jansen herausgegebenen Buches, als eines ketzerischen, obwohl die Anhänger Jansens, die sogenannten „Jansenisten" bewiesen, daß die als ketzerisch bezeichneten Stellen — in dem Buche gar nicht standen und daß dieses überhaupt verboten worden sei, ohne daß man es vorher gelesen habe. Daraus entstand nun ein heftiger Streit über die Frage: „ob der Papst nicht blos in seinen Aussprüchen über Rechtssachen untrüglich sei, sondern ob man ihn auch für untrüglich halten müsse bei Behauptung von Thatsachen, von denen doch das Gegentheil erwiesen sei." Da sieht nun wohl jedermann ein, daß dies ein Unsinn ist. Aber die Jesuiten wollten, daß die ganze Welt das unbedingt glauben müsse, was der Papst aussprach, gleichviel, ob's Unsinn sei oder nicht. Denn nur durch unbedingten Glauben war ja jener unbedingte Gehorsam möglich, den sie vonnöthen hatten, um unter dem Vorwande, die päpstliche Macht zu beschützen, selbst herrschen zu können. Und wirklich brachten sie's dahin, daß alle Diener der Kirche in Frankreich einen eignen Revers ausstellen mußten, dem zufolge dieselben Jansens Sätze verdammten. Der schändlichste Hohn des Despotismus über alle Freiheit und gesunde Vernunft! Aber kurz und gut: wer diesen Revers nicht unterschrieb, wurde eingesperrt oder durfte noch von Glück sagen, wenn er aus Frankreich flüchten konnte, denn die Jesuiten hatten dort die Regierung ganz und gar in ihrer Gewalt, und jedermann, welchen sie sonst aus Privatrücksichten haßten, unterlag nun unter dem bloßen Vorwand, „er sei ein Jansenist", den grau=

samsten Verfolgungen. Die meisten Laien kannten all die theologischen Spitzfindigkeiten nicht und glaubten das alles auf ein Haar, was ihnen die Jesuiten einredeten. Ist das nicht schrecklich, daß der Mensch bis zu einem solchen Grade von Dummheit und geistiger Knechtschaft herabgebracht werden kann?

Aber eben diese Erniedrigung ist auch der Fluch der Tyrannei. Das Königthum in Frankreich war nämlich zur schändlichsten Despotie über die Unterthanen ausgeartet, und die Jesuiten, die am liebsten über Sklaven herrschten, begünstigten diese Despotie. Aber eben so herrschten sie wieder über den Despoten selbst. Und warum konnten sie das? Weil am Hofe keine Spur von Sittlichkeit mehr war (eine Folge der Tyrannei; denn wer keine Beschränkung hat, hält alles für erlaubt). Weil aber das Königthum und der Adel ganz und gar in den Pfuhl der Unsittlichkeit und durch diese moralische Schwäche auch in geistige und physische versunken waren, so schnappten König und Hof, im Gefühle ihrer Schlechtigkeit, wie der Fisch nach dem Wasser, nach göttlichem Erbarmen. Da waren nun die Jesuiten, welche dasselbe wie Schatzmeister vertheilten. Aber wie? Nur gegen den Tribut der Abhängigkeit von der geistlichen Gewalt. Deshalb zogen nun die schlauen Jesuiten selbst König und Hof geflissentlich immer tiefer in die moralische Verworfenheit hinab und machten gemeinsame Sache mit den Mätressen, um dann die schwachen, trostlosen Machthaber um so sicherer in ihren Netzen zu haben und denselben in den Stunden der Gewissensbisse oder Verzweiflung alles Mögliche zum Vortheil des Ordens abzupressen. So stellt sich das jammernswürdige, aber gerechte Schauspiel dar, wie jene Machthaber, welche die Menschenwürde an ihren Unterthanen für gar nichts achteten, und diese grade wie Sklaven behandelten, selbst wieder zu den verächtlichsten Sklaven des Jesuitenordens wurden. Damals herrschte über Frankreich König Ludwig XIV., welcher von seinen Schmeichlern der „Große", sowie sein Zeitalter „das goldene" genannt wurde. Die größten Talente waren an seinem Hofe und in seinen Feldlagern versammelt, und wetteiferten, den Ruhm dieses Despoten zu verherrlichen, während er selbst, in all seinem Glanze, in aller seiner Ueppigkeit, nur ein

Werkzeug war, welches der Orden durch seine Beichtväter nach Gefallen lenkte. Die Folgen dieser Jesuitenherrschaft für Frankreich waren entsetzlich. Der Pater Lachaise beredete sein königliches Beichtkind Ludwig XIV., in Verbindung mit der alles über ihn vermögenden Frau von Maintenon, zur völligen Ausrottung des Protestantismus. Anfänglich ließ der König jedem Hugenotten, welcher sich zur katholischen Religion bekehrte, Geld auszahlen; bald aber verfuhr man gewaltsam, und Louvois, der Günstling des Königs, ließ, um diesem zu gefallen, die Hugenotten durch Dragoner zur Bekehrung bringen. Die Intendanten in den Provinzen wetteiferten bald in Grausamkeiten gegen die Hugenotten. Mit Bajonetten und Pistolen wurden diese zur Messe getrieben, Kinder ihren Aeltern entrissen, Frauen, welche den reformirten Glauben nicht abschwören wollten, geschändet, die reformirten Geistlichen und jene Neubekehrten, welche den aufgedrungenen katholischen Glauben wieder abschüttelten, gefoltert und hingerichtet. Es schien, als ob ganz Frankreich nur aus zwei großen Partheien bestünde, aus Henkern und aus Schlachtopfern. Und um dem scheußlichen Werk die Krone aufzusetzen, hob Ludwig XIV., von seinem Beichtvater und von Louvois dazu beredet, 1685 das Edikt von Nantes auf, Heinrichs IV. schönstes Denkmal. Er wähnte, von seinem Beichtvater und seinen Günstlingen betrogen, die reformirte Religion sei bereits völlig erstickt, und behandelte die vermeintlich nur noch wenigen Reformirten wie Rebellen, denen bei den schwersten Strafen sogar der letzte Trost versagt ward, auszuwandern aus ihrem Vaterlande, aus welchem der verworfene Hof selbst Tugend, Treue und Redlichkeit verbannt hatte. Aber Verzweiflung gab den Unglücklichen Kraft und List, und über 50,000 reformirte Familien flohen glücklich aus Frankreich nach England, Holland und zu den protestantischen Fürsten Deutschlands, und brachten ihre Reichthümer, ihren Gewerbfleiß, ihre Kunstfertigkeiten mit in's Ausland; viele Tausend andre wurden in Frankreich durch Dragoner und Henker gemordet. So war nun Frankreich entvölkert, sein Wohlstand gesunken, sein Handel geschwächt, sein Heer vermindert, der Hof verworfen. Und wem hatte es dies alles zu danken? Den Jesuiten! Nach dem Tode des Paters Lachaise wurde wieder ein Jesuit, der Pater Le Tellier, Ludwigs XIV. Beichtvater. Dieser übertraf noch seinen Vorgänger an Hochmuth, Herrschsucht und Ränken, und regte den alten Kampf gegen die Jansenisten wieder auf. Ein würdiger Priester, Namens Quesnel, hatte moralische Betrachtungen über das neue Testament herausgegeben, welches Buch von allen Bischöfen und Pfarrern, selbst vom Papst gutgeheißen und zwanzig Jahre lang überall mit großem Nutzen verbreitet worden war. Aber in den Augen der Jesuiten hatte es einen großen Fehler, es enthielt nämlich die Grundsätze Jansens, also solche, welche, den „Molinismus" schnurstracks entgegenstanden. Das war schon genug, um ihnen Quesnels Buch verhaßt zu machen. Ein persönlicher Groll Le Telliers gegen den Erzbischof von Paris, den Herrn von Noailles, welcher jenes Buch ebenfalls gut geheißen hatte, trieb die Sache zum Ausbruch. Le Tellier brachte den ganzen Orden und selbst den Papst in Bewegung gegen die Jansenisten, bis endlich der Papst Clemens XI. Quesnels Buch im Jahre 1713 durch eine eigene Bulle, welche mit den Worten: „Unigenitus dei filius" anfängt, feierlich verdammte. Die ganze französische Geistlichkeit erschrack, als diese Bulle erschien, weil darin ihre Freiheiten zu Gunsten der Jesuiten und des Papstthums angetastet waren. Ebenso war auch das Königthum dadurch gefährdet; doch der Hof, blind für die Jesuiten eingenommen, freute sich noch darüber. Die Jesuiten ließen laut ihren Jubel erschallen und benutzten ihren Triumph über den Jansenismus und allen Zuwachs ihrer Macht, um ihre Rachsucht gegen ihre Feinde vollkommen zu befriedigen. In dieser Zeit (1715) starb König Ludwig XIV. Schon drei Jahre vor seinem Tode hatte er aus Gewissensangst drei Gelübde des Jesuitenordens abgelegt, um durch dessen Gnade bei Gott die Seligkeit zu erlangen; auf dem Todbette las er nun auch das vierte Ordensgelübde, — dieser sogenannte „große" König! Solche Augenblicke sind's, in welchen der freie Mann, auch wenn er ein Bettler ist, sich wohl größer fühlen muß, als die Herrn der Erde, die im Begriff vor Gott zu treten nicht

Muth genug haben, ihm Rede zu stehen für das, was sie auf Erden gethan.

Nach Ludwigs **XIV.** Tode führte der Herzog von Orleans die Regentschaft, weil Ludwig **XV.** noch minderjährig war. Der Herzog von Orleans zeigte sich den Jesuiten abhold und der Pater Le Tellier mußte den Hof verlassen. Gleichwohl verzagten die Jesuiten nicht, sondern wirkten im Stillen mächtig fort und brachten es endlich dahin, daß die päpstliche Bulle „Unigenitus“ im Jahre 1720 in Frankreich angenommen werden mußte. So errangen sie den Sieg über die Jansenisten. Aber, so sicher und unangreifbar sie sich auch jetzt in ihrer Stellung wähnten, so hatten sie doch bereits eine mächtige Feindin, welche gerade durch ihre Streitigkeiten stark geworden war, nämlich die öffentliche Meinung. Das Nationalbewußtsein, welches eine Tyrannei nie für ewig ungestraft mißhandeln darf, fing an zu erwachen, und die tüchtigsten Geister Frankreichs löston unermüdlich einen Knoten nach dem andern in dem ungeheuren Netz der Jesuitenherrschaft. Der stolze Orden, welcher durch sein Glück sicher und übermüthig geworden war, merkte das nicht oder verachtete die Anzeichen seines Verfalls. Es ist zum Heil der Völker, daß die Tyrannei selbst die Tyrannen verblendet und entnervt.

Fünftes Kapitel.

Wie die Jesuiten in die Schweiz eingedrungen sind und in den Niederlanden, in England und in den nordischen Reichen nach der Herrschaft getrachtet haben.

In die Schweiz sind die Jesuiten im Jahre 1574 gekommen, und in Luzern haben sie zuerst festen Fuß gefaßt. Bald folgte Freiburg dem Beispiel sie aufzunehmen, und bald zeigten sich die Wirkungen ihres Daseins in einer neuen Energie der römisch-katholischen Parthei zum Widerstand gegen die evangelische, ja zur feindseligsten Bekämpfung oder Gewaltbekehrung. Das sind die Keime, aus denen die furchtbare Saat der Zwietracht bis zu unseren Tagen erwachsen ist. Wohl sind die Alpen oft genug im Morgen- und Abendglühn drüber erröthet, daß die Bewohner des Hauses der Freiheit, das Gott gegründet, sich zu Knechten der Wälschen erniedrigen konnten; aber wer hat dieß Schamerröthen der Gotteszeichen erkannt, und wer durfte die Deutung verkündigen, ohne daß das Haupt eines Freien dem Beil oder Dolch des Fanatismus erlag?

Mit unglaublicher Mühe versuchten die Jesuiten alle möglichen Kunstgriffe, um sich in den Niederlanden festzusetzen, welche dem Hause Oesterreich und zwar zur spanischen Linie desselben gehörten. Besonders thätig war Jakob Lainez, welcher im Jahre 1562 selbst dahin reiste, um die Abneigung und den Widerstand der Niederländer gegen den Orden zu besiegen. Es gelang ihm auch wirklich, und zwar vorzüglich durch die Unterstützung des spanischen Hofes, so wie durch die Geldmittel der in den Niederlanden wohnhaften reichen spanischen Kaufleute, in Löwen, Antwerpen und in den übrigen bedeutenderen Städten Kollegien und Profeßhäuser zu errichten. So wie nun die Jesuiten in den Niederlanden festen Fuß gefaßt hatten, handelten sie dort ebenso eifrig im spanischen Interesse, wie sie's in Frankreich thaten; dies spanische Interesse aber verletzte das Nationalgefühl der Niederländer, denn König Philipp II. von Spanien wollte jenen ihre Glaubensfreiheit und ihre uralten, urkundlichen Vorrechte entreißen und die verhaßte spanische Inquisition aufdringen. Er schickte seinen Feldherrn, den Herzog von Alba, mit gewaltigem Kriegsheer in die Niederlande; da wüthete nun Alba wie ein Henker, ließ die edelsten Männer, welche sich des Vaterlandes annahmen, als Hochverräther ermorden und dem Volke unerträgliche Steuern auflegen, wodurch der blühende Handel in äußerste Gefahr gebracht wurde. Nun griffen Volk und Adel einmüthig für's Vaterland zu den Waffen und die Provinzen Holland, Seeland, Utrecht, Geldern, Gröningen und Friesland schlossen am 23. Januar 1579 einen Bund als „vereinigte Niederlande" und erklärten sich 1581 in Verbindung mit mehren andern Provinzen für unabhängig vom spanischen Joch; Prinz Wilhelm von Oranien war ihr Haupt; die übrigen katholischen Provinzen der Niederlande blieben jedoch bei dem Hause Oesterreich. In diesem großen Freiheitskampfe spielten die Jesuiten die schändliche Rolle von Tyrannenknechten. Deshalb wurden sie auch alsobald aus allen freien holländischen Provinzen vertrieben. Um so grimmiger haßten sie den edlen Prinzen Wilhelm von Oranien, den starken Beschützer der holländischen Freiheit, so wie sein ganzes Haus. Als der König Philipp II. von Spanien einen Preis von 250,000 Scudi auf den Kopf des Prinzen Wilhelm von Oranien gesetzt hatte, faßte zuerst ein Fanatiker aus Biscaya, Namens Jaureguy, und als diesem die Ausführung der ruchlosen Absicht mißglückte, der Burgunder Balthasar Gerard den Plan, das Blutgeld und durch Meuchelmord die ewige Seligkeit zu gewinnen. Gewiß ist es, daß den Letzteren, welcher den Prinzen im Juli des Jahres 1584 zu Delft erschoß, ein Jesuit zu Trier in dem Gedanken bestärkt hatte: er werde durch diese That jedenfalls die Glorie eines Märtyrers erlangen; so vergoß er das Blut des edlen Freiheitshelden, und wurde dafür auf barbarische Weise, wie die Erbitterung sie hervorrief, hingerichtet, und die Domherrn zu Herzogenbusch waren so frech, das „großer Gott, wir loben Dich," zur Verherrlichung seines scheußlichen Verbrechens öffentlich und feierlich anzustimmen. Auch die Ermordung seines Sohnes, des Grafen Moritz, priesen die Jesuiten einem armen und fanatischen Menschen als ein gottgefälliges Werk. Deshalb verboten die Generalstaaten der vereinigten Niederlande 1595 streng, auswärtige Jesuitenschulen zu besuchen. Gleichwohl gab der Orden seine Absichten auf die vereinigten Niederlande nicht auf, sondern sendete von den der Krone Spanien wieder unterworfenen katholischen belgischen Provinzen aus, wo er ungestört waltete, immerdar verkleidete Werber und Spione dahin aus, welche das Volk, so wie besonders Männer von Einfluß bei der Regierung insgeheim zum Katholicismus zu bekehren suchten; ja es residirten sogar heimliche Jesuiten unter allerlei Vorwänden in den verschiedenen holländischen Provinzen, und berichteten alles, was dort vorfiel, in einer eigenen geheimen Schrift ihren Ordensoberen und dem Papst. So wirkten sie, die größten Gefahren bei etwaiger Entdeckung nicht scheuend, mit allen erdenklichen Kunstgriffen wohl anderthalbhundert Jahre lang als Feinde des Staates und Volkes.

Ebenso thaten sie in England. Dort hatte die große Königin Elisabeth eine vom Papst unabhängige Staatskirche gegründet. Der Papst Pius V. verfluchte sie dafür, entband alle ihre Unterthanen von den Eiden der Treue und reizte die katholischen Fürsten zu ihrem Verderben. König Philipp II. von Spanien und der Kardinal von Lothringen gründeten zu Douay und zu Rheims Seminarien für junge katholische Engländer, und die Jesuiten erzogen dieselben in der Lehre, daß der Papst das Recht von Gott habe, ungehorsame Könige abzusetzen und zu vernichten, zu fanatischen Feinden der als ketzerisch verrufenen Königin. Wenn nun diese jungen Männer nach England zurückkehrten, so spannen sie Verschwörungen an zum Sturz der Staatskirche und Elisabeths; ja sie wagten sogar mehrere Mordversuche gegen diese. Auch Jesuiten selbst schlichen sich verkleidet in England ein, um das Volk und einzelne unzufriedene Edelleute aufzuwiegeln. Sie thaten dies sowohl im päpstlichen, als auch wieder im spanischen Interesse; denn Philipp II. trachtete nicht blos nach dem Besitze Frankreichs, sondern auch nach dem Englands, kurz nach einer Universalmonarchie; die ganze Welt sollte keinen andern Willen erkennen, als den seinigen, keinen andern Glauben haben, als den seinigen, den römisch-katholischen. Und das war der Punkt, weshalb die Jesuiten sein Interesse betrieben, nicht wegen dieses Glaubens an und für sich, sondern weil derselbe ein Mittel war, wodurch sie ihre eigene Macht erhielten. Aber alle Umtriebe und Verschwörungen der Jesuiten in England wurden entdeckt, und das englische Gesetz nahm auf den geistlichen Stand der Verbrecher keine Rücksicht, sondern ließ sie wie andere aufhängen, und die Königin verbot 1602 allen Jesuiten, als Feinden des Staates und Volksverführern, sich auf englischem Boden ferner aufzuhalten, oder ihn je wieder zu betreten. Die Jesuiten aber priesen ihre hingerichteten Ordensbrüder als heilige Märtyrer, und wagten ungescheut neue Versuche. — Nach dem Tode der Königin Elisabeth stieg Jakob I. auf den englischen Thron. Er wollte den römischen Katholicismus in England zwar dulden, aber er durfte denselben nicht zum herrschenden Glauben erheben, weil der größte Theil des englischen Volkes dagegen war. Indem er aber dem Gesammtwillen seines Volkes nachgab, erbitterte er die katholische Parthei, und die Jesuiten reizten diese gegen ihn und gegen das Parlament auf das furchtbarste. So beschlossen mehrere fanatische Katholiken (1605) das Parlamentsgebäude an dem Tage, an welchem sich das Parlament wieder versammeln und der König es besuchen würde, vermittelst Pulvers in die Luft zu sprengen. Die Verschwornen beichteten dem Jesuiten Gerard, empfingen von ihm das Abendmahl und schwuren auf die Hostie die Geheimhaltung ihres Plans. Der Jesuitenprovinzial Garnet, so wie mehrere andere Ordensbrüder wußten darum. Der ungeheure Frevel wurde jedoch dadurch vereitelt, daß einer von den Verschwornen seinen Schwager, welcher auch Parlamentsmitglied war, in einem unterschriftslosen Briefe warnte, das Parlament zu besuchen. Man untersuchte den Keller des Parlamentsgebäudes und fand 36 Tonnen Pulver darin. Aber auch die Verschwornen waren gewarnt worden und entflohen. Man verfolgte sie und nahm ihrer einige gefangen, darunter auch den Provinzial Garnet. Er wurde überführt und hingerichtet, wie die übrigen. Nun beschloß das Parlament zur Sicherheit des Staates, daß jeder Katholik dem König eidlich Treue geloben mußte, ohne irgend eine Rücksicht auf päpstliche Gebote. Fast alle Katholiken schwuren diesen Eid, nur die Jesuiten weigerten sich und suchten noch dazu die Katholiken zu verführen. Deshalb erließ der König 1610 ein Edikt, kraft dessen die Jesuiten aus England verbannt sein sollten. Uebrigens war er im Stillen gegen die Katholiken duldsamer, als er's öffentlich zeigen konnte. Sein Sohn Karl I. wurde in Folge vielfältiger Angriffe auf den Willen und die Gerechtsame der englischen Nation entthront und 1649 hingerichtet; erst im Jahre 1660 kam dessen Sohn Karl II. auf den englischen Thron. Unter der Regierung dieses schwachen und wollüstigen Mannes (von 1660—1685) gewannen die Jesuiten wieder immer größere Gewalt in England. Aber eben der Druck, welchen das der Nation fremdartige und feindselige Wesen ausübte, rief das lebhafteste Gegenstreben hervor, und die Opposition trotzte dem religiösen und politischen Absolutismus die Testakte und die Habeas-corpusakte ab, letztere ein kostbares

Kleinod der englischen Verfassung, erstere ein Damm gegen die Springfluth des Jesuitismus, da die Katholiken durch die Testakte von allen öffentlichen Aemtern ausgeschlossen wurden. Die Jesuiten waren aber dadurch keineswegs entmuthigt, ja sie entfalteten nur noch größeren Eifer, um ihre Macht und Herrschaft in Großbritannien zu behaupten, und schon glaubten sie ihr Ziel erreicht zu haben, als Karls II. Bruder, König Jakob II., auf den Thron kam, welcher sich zum römisch-katholischen Glauben bekannte und diesen zur Staatsreligion erheben wollte. Er schaffte den Testeid ab, und als die anglikanischen Bischöfe gegen diese Maßregel protestirten, ließ er sie im Tower gefangen setzen. Die Jesuiten waren es, welche das Gewissen des schwachen bigotten Königs durch seinen, ihrem Orden angehörigen Beichtvater so völlig beherrschten, daß er jene Schritte that, welche ihm die Herzen der Nation gänzlich entfremden mußten. Die Erbitterung gegen ihn und seine Rathgeber kam zum Ausbruch, als seine Gemahlin einen Sohn gebar, von welchem das Gerücht behauptete: er sei bloß durch eine Intrigue der jesuitisch-katholischen Parthei untergeschoben, um die muthmaßlichen Thronerben, die protestantische Tochter Jakobs II. und deren Gemahl Wilhelm III. von Oranien, Generalstatthalter der vereinigten niederländischen Provinzen, zu verdrängen. Da berief ein großer Theil des Adels Wilhelm III. von Oranien, um statt Jakobs II. den englischen Thron zu besteigen. Wilhelm landete 1688 mit Kriegsmacht auf Englands Küste. Jubelnd empfing ihn die Nation als Retter ihrer Religions- und bürgerlichen Freiheit, und Jakob II. mußte nach Frankreich entfliehen. Jetzt, als er im Unglück war, verließen ihn die Jesuiten. Von da an hatten sie ihre Rolle in England ausgespielt.

In Schweden hatte der edle König, Gustav Wasa, der Vater seines Volkes, die evangelische Lehre eingeführt, und treu hielten die braven Schweden daran. Aber Gustav Wasa's Sohn, König Johann III., war ein gar schwacher Mann und neigte sich dem Katholicismus wieder zu. Als dies die Jesuiten erfuhren, schlichen sie sich verkleidet in Schweden ein, und der Pater Possevin bewog den König 1578 zum Uebertritt, so wie dazu, daß er seinen Sigismund in der katholischen Religion erziehen ließ. Sigismund, welcher seit 1587 auch König von Polen war, stand gänzlich unter dem Einfluß der Jesuiten, welche ihn zu so unklugen und ungerechten Maßregeln gegen den Willen der schwedischen Nation verleiteten, daß ihn diese der Krone für verlustig erklärte und seinen Oheim Karl IX. 1604 auf den Thron erhob. Auf Karl IX. folgte 1611 sein ältester Sohn Gustav Adolf, dessen Ruhm so lange dauern wird, als freie Herzen schlagen; denn er war der Schild und Hort, den Gott der Glaubensfreiheit gesandt. Als er aber für diese auf dem blutigen Felde bei Lützen 1632 glorreich gefallen war, ward seine Tochter Christine Königin von Schweden, eine Frau von den glänzendsten Geistesgaben, aber seltsam von Launen und voll wechselnder Pläne. Diese Königin ersahen sich die Jesuiten zur Bekehrung, denn sie hofften, wenn es ihnen gelang, gerade Gustav Adolf's Tochter zum Uebertritt zu verlocken, dann würde dies Beispiel die ganze protestantische Welt mächtig bewegen. Es gelang ihnen auch. Christine legte 1654, zu Gunsten ihres Vetters Karl Gustav, die Krone und 1655 öffentlich den Glauben ihres Heldenvaters ab, und ging nach Italien, wo der Papst sie mit hohen Ehren empfing. Aber die Hoffnung der Jesuiten, daß sie nun in Schweden freie Hand haben würden, ward eben so zu nichte, wie die Christinens selbst, nach dem Tode Karl Gustav's (1660) die Krone wieder zu erlangen. Die Schweden blieben standhaft im Glauben, und wollten von einer Königin nichts mehr wissen, in deren Gefolge die Jesuiten wieder zu ihnen gekommen wären.

Um so größere Fortschritte machte der Jesuitenorden in Polen. Dort hatten die Jesuiten schon seit dem Jahre 1569 ein durch den Bischof von Ermeland gestiftetes Kollegium zu Braunsberg (in dem damals von Polen abhängigen Preußen), bald faßten sie auch in Pultusk, Posen, Riga und Wilna festen Fuß. Nachher setzte sich der Orden in Polen hauptsächlich durch die Begünstigung jenes schwedischen Prinzen, des Königs Sigismund, fest, breitete sich bald mit erstaunlicher Schnelligkeit aus, errang großes Ansehen und bekam die Erziehung des jungen Adels völlig in seine Hand und damit zugleich einen großen Einfluß auf die Staatsangelegenheiten.

Auch in **Rußland** hofften sie sich zu Ende des sechzehnten Jahrhunderts anzusiedeln, als Zar Iwan IV. den Papst um Vermittelung eines Friedens mit Polen ersuchte. Da sandte der Papst den eifrigen Pater Possevin, um die Russen, welche der griechischen Kirche anhingen, zur Anerkennung der römisch-katholischen zu bringen. Doch es war vergeblich. Als sich später 1605 ein Betrüger, Namens Otrepiew, für den Zar **Demetrius** ausgab, hatten die Jesuiten in Polen (aus demselben Zwecke) die Hand im Spiel, um jenen mit polnischer Hülfe auf den Thron zu bringen; dies glückte auch, und der falsche Demetrius erbaute dankbar ein Jesuiten-Kollegium in Moskau. Als aber nach einem Jahre der Betrug entdeckt und der falsche Demetrius ermordet wurde, mußten auch die Jesuiten Rußland verlassen. Aber ihre Pläne auf dies Reich gaben sie damals noch keineswegs auf, sondern schickten immerfort ihre geheimen Sendboten dorthin ab. So kam's, daß Peter der Große, der gewaltige Zar, 1719 das Reichsgesetz erließ: „Kein Jesuit darf sich in Rußland blicken lassen!"

Die deutschen Fürsten haben so oft mit Vorliebe auf Rußlands Stimme gehört. Möchten sie doch auch die folgende Stimme Peters des Großen hören und beachten, der da wörtlich sagte: „Ich weiß, daß der größte Theil der Jesuiten im höchsten Grade unterrichtet ist, und daß sie, aus diesem Gesichtspunkte betrachtet, den Staaten ganz vorzüglichen Nutzen bringen könnten; aber ich weiß auch ebensowohl, daß sie die Religion nur zu ihrem persönlichen Vortheil gebrauchen; daß dieses Aeußere von Frömmigkeit einen unmäßigen Ehrgeiz und ein verwickeltes Triebwerk zu Ränken verbirgt, dessen Spiel nur darauf ausgeht, ihren Reichthum zu vermehren und die Herrschaft des Papstes oder vielmehr ihre eigene in allen Staaten Europa's einzuführen oder zu befestigen; daß ihre Schulen nur ein Werkzeug der Tyrannei sind, daß sie zu große Feinde der Ruhe sind, als daß man von ihnen hoffen könnte, sie würden sich nicht in die Angelegenheiten meines Reiches mischen; so leiste ich Verzicht darauf, sie anzunehmen, **indem ich mich nicht genug dar-**

über wundern kann, daß es noch Höfe in Europa gibt, denen nicht die Augen über sie und über ihr hinterlistiges Betragen aufgehen."

Sechstes Kapitel.

Was hat Deutschland den Jesuiten zu verdanken?

Es ist schon erzählt worden, wie die Jesuiten in Baiern und Oesterreich und am Rhein feste Wohnsitze, große Macht und viele Ehren erlangt, und ihren Einfluß am Hof, beim Adel und im Volk eifrig und klug benutzt haben. Aber Baiern und Oesterreich und das Rheinland waren ihnen als Schauplätze ihrer Wirksamkeit nicht groß genug; über ganz Deutschland wollten sie herrschen durch die Wiederherstellung des Katholicismus, im Namen des Papstes und durch die Macht des Aberglaubens. Zu diesem Ziele führten zwei Wege, List und Gewalt; die religiösen Spaltungen der Protestanten, die Reibungen der Lutheraner und Kalvinisten, die Eifersucht der Fürsten erleichterten ihnen leider ihre Bemühungen, den Samen der Zwietracht zu säen. Unter allerlei Verkleidungen und falschen Namen schlichen sie sich an den Höfen protestantischer Fürsten ein, ebenso bei protestantischen Familien, sowohl vornehmen, als geringen Standes, und fingen ganz leise, ganz unmerklich ihre Bekehrungsversuche damit an, daß sie die Glaubensmeinungen, welche sie vorfanden, zum Schein annahmen, dann verlockten sie, wenn sie so das Vertrauen gewonnen hatten, durch ihre Künste die Protestanten allmählig in's dunkle Reich des Mysticismus hinein, und hatten sie es einmal so weit gebracht, dann fiel es ihnen nicht mehr schwer, den Verführten den römischen Katholicismus als Leitstern des Heils auf den nächtlichen Irrwegen zu zeigen. Hatten sie nun Protestanten in solcher Weise heimlich bekehrt, so erlaubten sie ihnen meistens (sowohl wegen ihrer Sicherheit, als auch, um im Stillen ihre Macht vergrößern zu können), daß sie, ohne eine Sünde zu begehen, den Anschein des Protestantismus öffentlich fortbehalten, ja sogar die äußeren Formen des protestantischen Gottesdienstes beobachten dürften; ja, sie bewiesen ihnen durch Trugschlüsse, daß eine solche nothwendige Heuchelei durch den inneren Vorbehalt zu einer Tugend werde. In solchen deutschen Ländern aber, wo die Bevölkerung theils aus Katholiken, theils aus Protestanten bestand, entzündeten sie den Fanatismus der Ersteren, nicht blos durch ihre gewöhnlichen Kunstgriffe, nämlich in der Beichte, auf der Kanzel und durch geistliche Uebungen, sondern auch vorzüglich dadurch, daß sie allen Katholiken die Ehen mit Protestanten (die sogenannten „gemischten Ehen") als eine Todsünde vorstellten, durch welche sich der katholische Theil die ewige Verdammniß zuziehe. So zerstörten sie mit wahrhaft teuflischer Politik die heiligsten und unschuldigsten Ansprüche der Menschennatur, und untergruben zugleich die Sicherheit des Staates, indem sie zwei Grundsteine desselben, die Würde und Eintracht des Familienlebens, ausrissen. In jenen deutschen Ländern endlich, wo der Katholicismus die herrschende Religion war, führten sie ihren jesuitischen Aberglauben ein, bildeten ihn bis zum völligen Aberwitz, bis zur Abgötterei aus, und entnervten das darin befangene Volk, daß es für lange Zeiten unfähig ward, die Wahrheit zu fassen, gleichwie jemand, der lange in einem dunklen Kerker angefesselt gelegen, den plötzlichen Anblick des Lichtes nicht ertragen, die Füße kaum zum Fortschreiten regen kann und nach der Hand eines Führers greift. Der Aberglaube, welchen die Jesuiten verbreiteten, hatte aber auch noch eine fürchterliche Folge, nämlich die Unsittlichkeit; die Jesuiten selbst gaben das Beispiel derselben, und entschuldigten sie auch bei jenen Fürsten, welche sich von ihnen beherrschen ließen. Armes Vaterland! So standen Menschen, die kein Vaterland hatten und keines lieben konnten, mit Honig im Munde und mit Galle im Herzen, auf deinem Nacken. So war kein Fürst, kein Volk vor der List dieser Fremdlinge sicher, und leider auch so manches Volk vor seinem eignen Fürsten nicht! Und doch, o armes Vaterland, war das noch nicht alles, was du den Jesuiten zu verdanken haben solltest.

Sie suchten ihre Zwecke auch durch offene Gewalt durchzusetzen, und bauten dabei vorzüglich auf das baierische und auf das österreichische Herrscherhaus, welche ihnen unbedingt ergeben waren. Sie hatten sich in Tyrol (zu Insbruck und Hall), in München (seit 1559), in Dillingen (seit 1563) und bald auch in Franken und Schwaben mit ihren Schulen festgesetzt, welche als neue Pflanzstätten der Gelehrsamkeit und als Pfeiler des alten Glaubens großes und immer größeres Ansehen bei den katholischen Fürsten gewannen und welchen die Jesuiten mit der ihnen eigenen energischen und ausdauernden Strebsamkeit immer weitere Kreise zu gewinnen suchten und leider auch gewannen. Unter der Regierung des edlen deutschen Kaisers Maximilian II. (von 1564 bis 1576) ward es ihnen schwer, ihre Pläne einer Gegenreformation auszuführen; denn Maximilian II. hielt mit Macht die religiöse Duldung aufrecht. Dagegen beherrschten sie Maximilian's schwachen Sohn, Kaiser Rudolf II.; und als endlich 1619 der Erzherzog Ferdinand von Steiermark als Ferdinand II. deutscher Kaiser wurde, da begann ihre goldne Zeit, für's Vaterland eine eiserne Zeit! Ferdinand II. und Maximilian von Baiern waren beide Jesuitenzöglinge, und hatten von ihren Lehrern schon in früher Jugend die entsetzlichen Grundsätze angenommen, „daß man sogenannten Ketzern keine Treue halten dürfe, daß jeder protestantische Unterthan ein Rebell sei!“ Leider befolgten sie auch diese Grundsätze. Maximilian von Baiern stellte sich 1609 an die Spitze der katholischen deutschen Fürsten, welche ein Bündniß, die sogenannte „Ligue“, gegen die Protestanten schlossen. So wuchs der Glaubenshaß auf beiden Seiten; gerüstet, herausfordernd standen sich die Partheien gegenüber; dumpf und schwer zogen sich die Wetterwolken eines Religions- und Bürgerkrieges über Deutschland zusammen. Im Jahre 1618 kam dieser zum Ausbruch. Die protestantischen Stände Böhmens konnten nämlich nicht zu ihrem urkundlich-verbrieften Recht in Religionssachen kommen und ergriffen deshalb die Selbsthülfe; sie stürzten, von Zorn entbrannt, die kaiserlichen Statthalter in Prag zu den Fenstern des Schlosses hinaus und vertrieben und verbannten die Jesuiten, als Feinde des Reiches, als Verletzer des Majestätsbriefes und Urheber alles Uebels, aus Böhmen. Gleiches war in Mähren und Schlesien der Fall. Jene Gewaltthat gab die Losung zu dem dreißigjährigen Kriege. Das war den Jesuiten ein willkommener Anlaß, ihren Einfluß auf Maximilian von Baiern und Kaiser Ferdinand II. geltend zu machen, allen ihren Feinden keck die Stirne zu bieten, ihre Rachsucht endlich vollauf zu sättigen. Durch Maximilian's von Baiern kräftige Unterstützung eroberte Kaiser Ferdinand II. in der Schlacht am weißen Berge bei Prag (1620) das Königreich Böhmen, nahm demselben die Religionsfreiheit und hielt ein fürchterliches Blutgericht über alle, welche die Waffen für die Rechte ihres Vaterlandes gegen ihn erhoben hatten. Auch führte er alsobald die Jesuiten im Triumph wieder ein, übergab ihnen die Universität zu Prag und schenkte ihnen einen großen Theil der Güter, welche den sogenannten „Rebellen“, d. h. denjenigen, welche ihn nicht als König anerkennen wollten, gehört hatten; ja er überließ ihnen sogar seine Kammergüter. Die Jesuiten aber schürten emsig den Religionseifer dieses Kaisers, welcher keine höhere Pflicht kannte, als: die „Ketzer“ mit Feuer und Schwert auszutilgen, und welcher seinen Stolz darein setzte: „ein Sohn der Gesellschaft Jesu“ zu heißen! Dreißig Jahre des Jammers haften dafür blutig auf seinem Andenken und auf dem Namen der Jesuiten. Aber der alte Gott verließ seine Deutschen nicht und rief aus dem fernen Schweden herab den frommen König Gustav Adolf zur Vertheidigung der Glaubensfreiheit. Um diesen schaarten sich nun alle deutschen Protestanten. Und als Gustav Adolf 1632 bei Lützen auf dem Plan siegreich gefallen war, lebte sein Geist noch fort, schritt den Protestanten voran in die Schlachten und rief ihnen unterm Donner der Geschütze zu: „Eine feste Burg ist unser Gott!“ So kam's, daß die Jesuiten in aller ihrer Siegeshoffnung, in allem ihrem Uebermuth dennoch ablassen mußten von ihrem stolzen Plan, über ganz Deutschland zu herrschen; und sie konnten nicht über die Länder hinaus, welche sie zu ihren festen Bollwerken gemacht hatten. Als endlich der dreißigjährige Krieg 1648 durch den westphälischen Frieden beendigt wurde, verfluchte der Papst Innocenz X. dies Friedenswerk und die Jesuiten eiferten mit gleicher Wuth dagegen. Warum? Weil die Protestanten den Katholiken in den Verhältnissen des Reiches gleichgestellt waren.

Aber ein Jesuit steht verehrungswürdig und allen deutschen Herzen unvergeßlich da, mitten in jener Zeit des Krieges, der Gräuel und der blutigen Unduldsamkeit. Dieser Jesuit hieß Friedrich Spee (geboren 1595 zu Kaiserswerth im Kölnischen, gestorben zu Trier 1635). Friedrich Spee (ein Mann von ächter Gottesfurcht, auch als Dichter in deutscher Sprache einzig in jener Zeit), Spee war der Erste, welcher durch seine Schrift: „cautio criminalis“ (1631) den finsteren Wahn des Hexenwesens bekämpfte, einen Aberglauben, welcher, von schlauen Priestern und feilen Richtern unterhalten, die Köpfe des gemeinen Volks wie eine Pest angesteckt und die gerichtliche Ermordung vieler Tausend unschuldiger Schlachtopfer zur Folge gehabt hatte. Das Wahnsinnige und Gotteslästerliche dieses Aberglaubens zu beweisen, dazu gehörte damals ein hoher Muth; denn wer das that, der setzte sich der Gefahr aus, als Mitschuldiger selbst verbrannt zu werden. Friedrich Spee brach durch sein Buch der gesunden Vernunft in Deutschland die Bahn, auf welcher ihm der ausgezeichnete Gelehrte Thomasius (geboren 1655, gestorben 1728) und mehre andre erleuchtete Männer rüstig nachgefolgt sind. Das Verdienst des Menschenfreundes Friedrich Spee hatte für Deutschland größeren Werth als alle Werke seiner Ordensbrüder; wahrlich: es war in der That „zur größeren Ehre Gottes“; denn es war eine Ehrenrettung der Menschenwürde.

Uebrigens ruhten die Jesuiten in Deutschland auch nach dem Abschluß des westphälischen Friedens noch immer nicht. So machten sie in den zwanziger und dreißiger Jahren des 18ten Jahrhunderts die Spione und Henker gegen die Protestanten im Salzburgischen. Da geschahen auf ihr Anstiften entsetzliche Gräuelthaten. Kinder von ihren Eltern weggerissen, Gatten getrennt, Mann und Weib, Kind und Greis gefoltert, ermordet, — weil sie den katholischen Glauben nicht für den allein seligmachenden halten wollten; — das war Jesuitenwerk. Damals sind zahllose fleißige und sittsame Protestanten aus Salzburg ausgewandert; Schweden, die Niederlande und besonders Preußen haben die Verfolgten mit Lieb' und Freude aufgenommen. Welche nachtheilige Wirkungen für die Protestanten der Einfluß der Jesuiten selbst noch im Jahre 1752 unter der edlen Kaiserin Maria Theresia hatte, das empfand man besonders schmerzhaft in Kärnthen, in Steiermark und Oberösterreich; so verordnete z. B. ein Patent für Kärnthen vom 18. Oktober 1752 geistliche Missionen zur Ausrottung des Irrglaubens, und starb ein Bauer, so sollten seiner Wittwe, wenn sie nicht im besten Rufe der Rechtgläubigkeit stand, die unmündigen Kinder genommen und an unverdächtige Orte gebracht werden; die Protestanten in Kärnthen, Steiermark und Oberösterreich wurden der Religion halber mit Gefängniß, Leibesstrafe, Schlägen, Entsetzung von allen Gütern, Beraubung von Kindern und Gatten gequält, und ihnen weder der Privatgottesdienst noch das Auswanderungsrecht gestattet. Doch nicht überall in Deutschland konnten die Jesuiten noch mit so offener Gewalt übel hausen. Um so eifriger und gefährlicher waren sie dafür fort und fort im Geheimen bemüht, ihre sogenannten Bekehrungen fortzusetzen, den Haß zwischen Katholiken und Protestanten zu schüren und in katholischen deutschen Ländern, besonders in Baiern und Oesterreich, wo sie freiere Hand hatten, die Stimme der Wahrheit, die Aufklärung des Volkes, den Fortschritt des Geistes zu hindern und zu unterdrücken. Vornehmlich aber wirkten sie auch in den katholischen Theilen der Schweiz und hielten die Enkel jener kühnen Männer, welche einst die Freiheit mit Gut und Blut so herrlich vertheidigt hatten, in geistiger Knechtschaft und verdummten das heldenhafte Volk, daß es eine Schande war.

Siebentes Kapitel.

Von den Jesuiten in Spanien und Portugal, und von ihren Missionen in Asien und Amerika.

In Spanien und Portugal hatten die Jesuiten ihr eigenes Glück zum gefährlichsten Feind, weil sie es ohne Scham und Scheu mißbrauchten. Indessen schadete ihnen der Mißbrauch, welchen sie von ihrem Glücke machten, in Spanien weniger als in Portugal, und zwar aus dem Grunde, weil derselbe in dem ersteren Lande weniger öffentliches Aergerniß gab, dann auch, weil sie in Portugal stets Feinde des Nationalinteresses waren. In Spanien dagegen verschwand ihr geheimes Treiben in jenem großen Geheimniß, welches ganz Spanien vor den Augen der übrigen Welt bedeckte; ihre geistliche Tyrannei verschmolz mit der politischen der spanischen Könige, deren Interessen die Jesuiten ja überall so eifrig verfochten. Aber eben das sogenannte spanische Interesse (nämlich das Streben Philipps II. nach einer Universalmonarchie) hatte die wahren Interessen Spaniens selbst vernichten geholfen; Spaniens Schätze, so reichlich sie aus der neuen Welt zuflossen, waren verschwendet, Spaniens Wohlstand war unter dem Druck der Unduldsamkeit erschöpft, und Spaniens Volk, so edel von Anlagen, so groß und herrlich durch den Ruhm früherer Thaten, — es hatte unter dem geistlichen Joche sein Nationalgefühl fast vergessen. So stand die spanische Macht, welche zur Zeit, da Philipp II. den Thron bestiegen, ein Schreckbild für alle europäischen Staaten gewesen, im Lauf der Zeiten nur wie eine aufrecht gestellte königliche Leiche da, mit dem Purpur verhüllt, daß man die Farbe des Todes nicht gewahren solle, und unter dem verhüllenden Purpur bewegten Mönche die steifen Arme des Leichnams, um diesem den Schein des Lebens zu geben. Die Nation schwieg, weil sie die gleichmäßig fortdauernde Bewegung der Maschine empfand, vor welche sie so lange gespannt war.

Anders verhielt es sich in Portugal, dort kamen die Ränke der Jesuiten bei weitem mehr an's Tageslicht. Und zwar gleich nach dem Tode ihres königlichen Freundes und Gönners Johann III. Sie erzogen den unmündigen Thronfolger Don Sebastian, gaben ihm einen Pater aus ihrem Orden zum Beichtvater und gewannen dadurch einen solchen Einfluß, daß sie alle Staatsämter mit den Ihrigen besetzen konnten. Zugleich kränkten und beleidigten sie die Königin Großmutter, welche die Regentschaft führen sollte, so lange, bis sie ihr Amt 1562 dem Kardinal Infanten Don Heinrich übergab, einem Schwächling, welcher alles that, was die Jesuiten wollten. Als Don Sebastian 1568 für volljährig erklärt ward, überschritt ihre Herrschaft vollends alle Schranken; im spanisch-österreichischen Interesse verhinderten sie die Vermählung Sebastians mit einer französischen Prinzessin, und endlich veranlaßten sie denselben zu einem Krieg mit den Mauren in Afrika, in welchem der junge Fürst (1578) blieb. Nun wurde der alte Kardinal Don Heinrich König von Portugal; aber schon hatte Philipp II. von Spanien beschlossen, jenes Land in Besitz zu nehmen, und eifrig unterstützten ihn dabei die Jesuiten. Als nun Heinrich 1580 starb, eroberte Philipp II. Portugal, und natürlich erhielten die Jesuiten abermals den größten Einfluß. Das Volk verfluchte die Fremdherrschaft; aber sein Grimm war ohnmächtig; die Jesuiten und die spanische Inquisition entnervten den Nationalgeist, und in Folge der Verbindung mit Spanien mit fortgerissen in den Kampf gegen die Niederlande, verlor Portugal den größten Theil seiner Besitzungen in Ostindien. Mittlerweile wurde das moralische Verderbniß der Jesuiten in Portugal immer größer, und bald zeigte es sich auch, daß sie, durch ihr Glück übermüthig geworden, nicht länger mehr blos unterm Schutz des spanischen Interesses, sondern selbstständig über die Portugiesen herrschen wollten. Besonders war dies der Fall während der Regierung Philipps IV. (1621—1665). Da gelang es ihnen, einen Mann, welcher zwei Jesuiten zu Brüdern hatte, an die Spitze der Inquisition für Portugal zu bringen. Die traurigste Folge, welche dieses Ereigniß für die Nationalliteratur und also auch für den Nationalgeist Portugals hatte, war die Einführung der römisch-päpstlichen Censur, unter der furchtbaren Controle des Inquisitionsgerichts.

Indessen hatte der unerträgliche Druck, welchen die spanische Verwaltung durch Steuerauflagen und Beamtenwillkühr über Portugal ausübte, dort naturgemäß allmälig das Nationalgefühl wieder geweckt und ein Entgegenstreben hervorgebracht, welches endlich die Fremdherrschaft zerbrach. Im Jahre 1640 wurde Herzog Johann aus dem alten Hause Braganza als König ausgerufen, und die Reichsstände erklärten ihn 1641 als Johann IV. zum rechtmäßigen Beherrscher Portugals. Die Jesuiten fügten sich den Umständen, wünschten dem neuen Monarchen Glück zu seiner Erhebung und wußten sich dessen volles Vertrauen gar bald im höchsten Grade zu erwerben. Er übergab ihnen sogar seinen Sohn Theodos zur Erziehung, welchen sie streng nach ihren Grundsätzen heranbildeten; doch der Prinz starb. Nach dem Tode des Königs Johann IV. (1656) überließ sich dessen Wittwe, Louise, welche für ihren minderjährigen Sohn Alfons VI. die Regentschaft führte, gänzlich dem Einfluß der Jesuiten. Als Alfons VI., ein roher, unsittlicher Jüngling, 1662 die Regierung übernahm, sahen die Jesuiten ein, daß ihre Herrschaft ein Ende nehmen müßte, wenn er auf dem Throne bliebe: denn er haßte sie. Deßhalb betheiligten sie sich bei einer Verschwörung seines ehrgeizigen Bruders Don Pedro und seiner Braut, der Prinzessin von Nemours, um Alfons vom Throne zu stoßen. Der Anschlag gelang. Alfons VI. wurde 1667 in seinem Palast gefangen genommen, Don Pedro Regent und seit 1683 König von Portugal. Natürlicherweise begünstigte dieser seine Verbündeten, die Jesuiten, zu hohen Staatswürden. Und in der That, sie rechtfertigten dies Vertrauen auf ihre Staatsklugheit und bewerkstelligten 1673 eine Finanzspeculation, in deren Folge die Juden von der grausamen Verfolgung des Inquisitionsgerichtes gegen große Geldsummen befreit wurden, durch diese letztern konnte man nun die Kosten zur Wiedereroberung der portugiesischen Kolonieen in Amerika bestreiten. Nun wurden die Besitzungen Portugals in Brasilien bis an den Platastrom erweitert. Die Jesuiten aber benutzten diese Gelegenheit, um auch ihre Missionen mächtig auszudehnen.

Hier ist nun der geeignete Ort, von den Missionen der Jesuiten in fremden Welttheilen zu erzählen.

Voll edler Begeisterung hatte Franz Xaver, wie schon im zweiten Kapitel erzählt worden ist, im äußersten Asien Bahn gebrochen für die Ausbreitung des Christenthums, besonders in Japan. Seine Ordensbrüder eiferten seinem erhabenen Beispiel unverdrossen nach, und bald staunte ganz Europa über die Berichte der Jesuiten aus Asien, wie viele Seelen dort durch ihre Bemühungen alljährlich für das Christenthum gewonnen wurden. Freilich verbanden die Jesuiten mit diesen Bekehrungen auch ihre selbstsüchtigen Zwecke, nämlich Ausbreitung ihres Handels und ihrer Herrschaft; freilich duldeten sie bei jenem frommen Geschäfte — eben wegen ihrer weltlichen Nebenabsichten — keine Einmischung andrer geistlichen Orden; die Hauptsache aber, nämlich die Verbreitung christlicher Religionsbegriffe, bleibt immer ein großes Verdienst, welches dem Jesuitenorden nie abgestritten werden kann. Die Jesuiten gingen dabei meistens mit größter Schonung gegen die landsüblichen Religionsbegriffe, Sitten und Bräuche zu Werke; das hat man ihnen häufig zum Vorwurf gemacht; aber eben so gingen auch die ersten Verbreiter des Christenthums in Deutschland zu Werke, und gewiß war jene Manier für die tiefere Begründung des Christenthums in Asien viel klüger berechnet und vortheilhafter, als wenn die Jesuiten das Christenthum mit Feuer und Schwert eingeführt hätten, wie es z. B. die Dominikaner so oft gethan haben. Inzwischen war auch das Handelsinteresse der Portugiesen zu innig mit den jesuitischen Bekehrungen in China verknüpft, als daß die Holländer, nachdem sie einmal auch einen Handelsweg nach Japan gefunden hatten, es ruhig hätten mit ansehen können. Die Eifersucht der letzteren gab dem Handel der Portugiesen und den Missionen der Jesuiten in Japan den ersten Stoß. Und in der ersten Hälfte des 17ten Jahrhunderts brach in Japan eine allgemeine Christenverfolgung aus, bei welcher zahllose Neubekehrte ihre Treue für den Glauben Jesu mit unglaublicher Standhaftigkeit durch Folterleiden und Märtyrertod besiegelten.

Um die Ausbreitung des Christenthums in China machte sich besonders der Pater Matthäus Ricci (vom J. 1581 an) hochverdient. Seine Gelehrsamkeit, so wie die seiner Ordensbrüder, verschaffte dem Orden in China großes Ansehen; Pater Ricci starb 1610, berühmt und allgemein betrauert. Fünf Jahre später erging über die Christen in China eine große Verfolgung; darnach erhob sich jedoch die Macht der Jesuiten dort zu einem neuen Glanz, und zwar um die Mitte des 17ten Jahrhunderts, vorzüglich durch die wissenschaftlichen Verdienste des Jesuiten Adam Schall, eines ausgezeichneten Mathematikus. Den Berichten der Jesuiten verdankte man (wie bereits erwähnt worden) in Europa lange Zeit die wichtigsten wissenschaftlichen Nachrichten über das merkwürdige Kaiserreich im äußersten Osten

Asiens, Verdienste, welche manche Fehler, die sie sich dort selbst zu Schulden kommen ließen, bei weitem überwiegen. Auch hat sich dort durch die Jesuiten unter allen Wechselfällen späterer Zeiten immerdar ein Kern des Christenthums erhalten.

In Südamerika, nämlich in dem spanischen Gebiet von Paraguay, gründeten sich die Jesuiten ein eigenes Reich. Sie kamen zuerst im Jahre 1586 in jene Gegenden, um den wilden Ureinwohnern daselbst das Christenthum zu predigen. Aber alle ihre Bemühungen wurden größtentheils dadurch wieder vereitelt, daß die Spanier, welche dort Niederlassungen begründet hatten, die Eingebornen wie Sklaven behandelten und durch rohe Willkühr auch den Christusglauben, den sie bekannten und ihnen aufdringen wollten, verhaßt machten. Als die Jesuiten dies erkannten, stellten sie es dem König von Spanien ohne Hehl vor und machten ihm den Vorschlag, daß die spanischen Statthalter abgeschafft und dagegen sie — nämlich die Jesuiten — ermächtigt werden sollten, dort ständig zu wohnen und die Oberaufsicht über die von ihnen zu bekehrenden Wilden zu führen, auf daß diese in Ruhe und Eintracht, wie die ersten Christen, leben könnten; der König von Spanien aber sollte immerdar ihr Oberherr bleiben. König Philipp III. verwilligte diesen Plan, und alsobald machten sich die jesuitischen Missionäre an's Werk. Mit Liebe und Sanftmuth gewannen sie die wilden Herzen der Eingebornen, bekehrten sie zum christlichen Glauben und flößten ihnen Sinn für Gesittung und geselliges Zusammenleben ein. Sie lehrten sie, Häuser zu bauen, das Recht zu begreifen und Gesetze zu achten; sie brachten ihnen alle Segnungen der europäischen Kultur, Künste und Wissenschaften; sie wurden ihre Freunde und Wohlthäter; sie gründeten einen Freistaat, dessen unsichtbares Oberhaupt Gott selber war. Aber nur allzubald artete dies rein menschliche Verhältniß der Jesuiten zu ihren geistlichen Söhnen aus; sie konnten den Verlockungen der Herrschsucht nicht widerstehen und benutzten die hohe Verehrung der Bewohner Paraguays zum weltlichen Vortheil des Ordens. So hatten sie die Einrichtung getroffen, daß niemand Privateigenthum besaß; alle Früchte des Fleißes wurden in großen Vorrathshäusern aufbewahrt, aus welchen die Jesuiten jedem Einzelnen das vertheilten, was er zum Lebensunterhalt brauchte. Uebrigens zogen sie aus den Anpflanzungen, besonders aus der des sogenannten „Krautes von Paraguay" (eines Heilmittels), woraus sie einen einträglichen Handelsartikel machten, ungeheure Summen. Santa Fé, Buenos Ayres und Tukuman waren die Hauptplätze ihres Handels in Paraguay. Eifersüchtig auf diese ihre Herrschaft, schlossen sie dieselbe vor den Blicken jedes Fremden, besonders aber aller Spanier, streng und sorgfältig ab, verboten jede Gemeinschaft ihrer Unterthanen mit diesen, sie verhinderten sogar die Einführung der spanischen Sprache und erhielten sorgfältig die Landessprache der Eingebornen, das „Guareni"; außerdem übten sie das Volk von früher Jugend an in den Waffen und hielten alle Zugänge des Landes wohl befestigt wider alle Angriffe; kurz sie bewiesen bei der Regierung ihres kleinen Reiches in Paraguay eine Politik, wie sie wenigen Monarchen in gleicher Vollkommenheit eigen sein mag. Zur Steuer der Wahrheit sei's gesagt, daß sie dabei einen wichtigen Punkt nicht vergaßen, auf welchem alles Glück der Unterthanen beruht, nämlich die Sittlichkeit. Durch den erhabenen Einfluß der Religion brachten sie es dahin, daß in ihrem Staate Eintracht, Keuschheit und Mäßigkeit als Haupttugenden aufrecht blieben. So bestand dies Jesuitenreich lange Jahre hindurch, wie eine unbekannte kleine Welt, streng abgeschlossen und wohl vertheidigt, als eine der ergiebigsten Fundgruben, woraus dem Orden die zahlreichen Geldmittel zuflossen, welche er in Europa brauchte, um dort bald einen Minister, bald eine Maitresse zu Gunsten der Gesellschaft zu bestechen, um Bekehrungen einflußreicher Männer durch seine Kreaturen zu erwirken, um seine Spione zu bezahlen, um seinen bedrängten Mitgliedern aufzuhelfen und um allen jenen äußeren Prunk zu bestreiten, wodurch er die Phantasie immerdar blendete und betäubte. Außerdem besaßen die Jesuiten auch in den portugiesischen Provinzen Brasilien und Maragnon eine ausgedehnte Macht.

Achtes Kapitel.

Von der Aufhebung des Jesuitenordens.

Der Ruf von der Handelschaft und von den ungeheuren Reichthümern des Ordens erregte im achtzehnten Jahrhundert Eifersucht gegen denselben, und die gränzenlose Macht, welche er errungen hatte, noch vielmehr aber die Art, wie er dieselbe benutzte, brachte endlich einen Unwillen hervor, welcher um so leidenschaftlicher losbrach, je länger er niedergehalten worden war. Die Freiheit des Einzelnen, sowie die Würde der Menschennatur überhaupt, die Majestät der Könige und die Entwickelung der Völker, zwei Jahrhunderte lang von dem stolzen Orden bedroht oder in schmählicher Dienstbarkeit gehalten, verlangten Gerechtigkeit. Das achtzehnte Jahrhundert gab sie, und hielt in Stürmen und Wettern ein furchtbares Gericht. Die hellsten Geister der verschiedenen Nationen, besonders Frankreichs und Deutschlands, hatten durch die Macht der Presse die Grundpfeiler der Glaubenstyrannei untergraben; die Philosophie half dabei mit dem scharfen Spaten des Zweifels; Witz und Spott öffneten zum Theil auch den unteren Klassen des Volks die Augen; wild und unbändig stürzte die gesunde Lebenskraft desselben, wie ein Löwe aus seinem Kerker, hervor und konnte nicht satt werden, sich für alle Schmach und Unbill endlich zu entschädigen. Aber eigentlich war es doch nur die Politik, welche in dem Jahrhundert des Absolutismus den Ausschlag gab.

Der erste Wetterschlag, welcher den stolzen Orden traf, kam von Rom. Das Papstthum konnte nicht länger im Unklaren über die Stellung des Ordens sein; es überzeugte sich, daß derselbe schon längst nicht mehr sein Beschützer, sondern sein Beherrscher geworden war. Da beschloß der Papst Benedikt XIV. die jesuitische Macht in die Gränzen zurück zu weisen, welche sie stolz überschritten hatte; es war ein schwieriges Werk und erforderte eben so viel Klugheit als Charakterstärke. Benedikt XIV. begann es 1741, indem er eine Bulle erließ, in welcher er allen Geistlichen ohne Unterschied jede Art von Handelschaft verbot. Damit waren nun vorzüglich die Jesuiten gemeint. Sie durften selbst solche Handelsgeschäfte, welche Laien begründet und an sie vererbt oder verschenkt hatten, nicht mehr betreiben, eben so wenig irgend welche mit Produkten ihrer Besitzungen, weder im eignen Namen, noch unter dem ihrer weltlichen Angehörigen, welche ihnen Rechnung ablegten. In demselben Jahre erließ Benedikt XIV. eine andere Bulle, worin er den Jesuiten — bei Strafe des Bannes — verbot, Indianer zu Sklaven zu machen und als solche zu behandeln; der König Johann V. und die Bischöfe von Portugal sollten für die Vollstreckung dieser Maßregeln sorgen. Die Jesuiten widersetzten sich denselben heftig bis zum Tode des bigotten Königs (1750).

Als hierauf sein Sohn Joseph Emanuel den Thron bestieg, kam ein Mann von ausgezeichneten Gaben und von festem Charakter, Joseph von Carvalho, Marquis von Pombal, an die Spitze der Staatsgeschäfte Portugals. Pombal betrachtete den traurigen Zustand Portugals als eine Folge der Jesuitenherrschaft und war überzeugt, daß langsame Verbesserungen nichts fruchten würden, sondern daß nur durch einen völligen Umsturz derselben eine neue Entwickelung des Staatswesens, des Nationalwohlstandes und des Nationalgeistes möglich sei. Deßhalb ergriff er gewaltsame Maßregeln. Dabei konnte nun manche Ungerechtigkeit nicht ausbleiben, und noch viel weniger der Haß der angegriffenen Jesuiten, deren Einfluß am königlichen Hofe noch immer sehr bedeutend war. Sie benutzten denselben natürlicherweise aufs eifrigste, um ihre bedrohte Existenz zu retten. Pombal begann seine Reformen mit der Erziehung und dem Unterricht; er berief fremde Lehrer auf die Universität Coimbra, errichtete neue Schulen, und entzog den Geistlichen die Büchercensur. Mit stillem Grimm verfolgten die Jesuiten alle diese Maßregeln. Bald aber kam eine Gelegenheit zum offnen Ausbruch des Kampfes mit den Jesuiten; es war folgende: Spanien und Portugal stritten sich um den Besitz der Kolonie San Sagramendo in Südamerika, und schlossen endlich (1750), um diesen Streit zu schlichten, einen Vertrag ab, in welchem Portugal jene Kolonie an Spanien abtrat, dafür aber durch einen Theil von Paraguay entschädigt werden sollte, über welchen die Jesuiten herrschten. Da weigerten sich nun die Jesuiten aufs bestimmteste, jenes Land an die Krone abzutreten, setzten es in Vertheidigungsstand und riefen ihr Volk zu den Waffen. Es entstand ein Krieg, und die Eingebornen leisteten den vereinigten Heeren Spaniens und Portugals bis zum Jahr 1758 kräftigen Widerstand, bis endlich der Tauschvertrag selbst 1761 zurückgenommen wurde. Durch dieß Ereigniß bekam der Staatsminister Pombal freien Spielraum für die Ausführung seiner kühnen Pläne gegen die Jesuiten, welche mittlerweile allen ihren Einfluß aufgeboten hatten, um ihn zu stürzen. Pombal erwirkte 1757 von dem König einen Befehl, daß die Jesuiten den königlichen Palast zu verlassen und alle Beichtvater- und Lehrerstellen niederzulegen hätten. Zu gleicher Zeit wurde der Papst aufgefordert, den Jesuitenorden von allen eingeschlichenen Mißbräuchen zu reinigen und in seine alten Gränzen zurückzuweisen. Benedikt XIV. schickte hierauf den Kardinal Saldanha mit Machtvollkommenheit nach Portugal; dieser untersuchte den Orden und verbot dessen Mitgliedern allen Handel, während der Patriarch von Portugal ihnen streng untersagte, in seiner Diöcese zu predigen und Beichte zu hören. In demselben Jahre, als dies vorging, geschah ein Mordversuch gegen den König, während dieser des Nachts ausfuhr. Dies Ereigniß gab nun völlig den Ausschlag. Pombal, welcher die Jesuiten im Verdacht der Theilnahme am Mordversuch hatte, setzte einen außerordentlichen Gerichtshof zusammen, und dieser erklärte 1759 viele Adelige des Verbrechens für schuldig, und die Jesuiten, auf rechtliche Vermuthungen hin, für Anstifter und Mitwissende desselben. Die Adeligen wurden hingerichtet, zahlreiche Jesuiten, worunter die Väter Malagrida, Souza und Mathos im Gefängniß gehalten, bis der neue Papst Klemens XIII. (der Nachfolger Benedikts XIV.) über sie entscheiden würde, der ganze Orden am 3. September 1759 in Portugal aufgehoben. Die Güter desselben wurden eingezogen und alle Mitglieder (mit Ausnahme der Gefangenen) zu Schiff nach Italien gebracht. Zwar nahm sich Papst Klemens XIII., welcher ein Freund der Jesuiten war und unter dem Einfluß ihres Generals Lorenz Ricci stand, der Verhafteten an, jedoch fruchtlos. Der portugiesische Hof zerfiel darüber mit dem Papst; den Pater Malagrida aber, einen Greis von 74 Jahren und gewiß nur einen geistesverwirrten Schwärmer, nicht aber Staatsverbrecher, ließ Pombal dem geistlichen Gericht der Inquisition übergeben, und dieses verurtheilte ihn, als einen Ketzer, zum Tod auf dem Scheiterhaufen. Dies Urtheil wurde 1761 wirklich vollzogen. Von den übrigen gefangenen Jesuiten starben einige in den Gefängnissen, einige wurden nach Italien gebracht und andere nach dem Tode des Königs wieder in Freiheit gesetzt. Gewiß ein hartes Loos, daß so viele zum Theil sicher nicht schuldige Mitglieder der Gesellschaft Jesu die Vergehen ihrer Vorgänger und noch lebenden Brüder büßen mußten!

Bald folgte auch Frankreich dem Beispiele Portugals. Dort war der Streit über den Jansenismus, welchen die Jesuiten selbst angefacht hatten und mit so großer Leidenschaftlichkeit fortschürten, der erste Grund zu ihrem Untergang geworden. Das Parlament war nämlich jansenistisch gestimmt, und wollte es nicht länger dulden, daß der Jesuitenorden in Folge seiner Grundsätze und seiner wirklich errungenen Macht einen eigenen Staat im Staate bilde. Zugleich sank der Orden, vorzugsweise durch die ununterbrochenen Angriffe geistreicher Schriftsteller, immer tiefer in der öffentlichen Meinung. Unter solchen Umständen wurde ein Prozeß gegen den Orden anhängig, welcher endlich dessen Sturz in Frankreich herbeiführte. Ein Jesuit, der Pater La Valette, hatte nämlich, als Vorsteher der Mission in Westindien, auf der der Krone Frankreichs gehörigen Insel Martinique große Magazine und Fabriken angelegt, und durch Handelsspeculationen mit Negersklaven und Kolonialwaaren ungeheure Summen für den Orden gewonnen. Er stand mit einem Handlungshause in Marseille in steter Geschäftsverbindung und stellte auf dasselbe für anderthalb Millionen Livres Wechsel aus, welche jenes Haus, in Erwartung zweier von dem Pater La Valette abgesandten Schiffsladungen im Werth von zwei Millionen, auch acceptirte. Nun war damals Krieg zwischen Frankreich und England und die Engländer fingen jene Schiffe. Dadurch kam das

Marseiller Handlungshaus dem Bankrotte nah und verlangte nun von dem Jesuitenorden Entschädigung. Dieser aber erklärte rund heraus: „er sei das nicht schuldig; denn wenn der Pater La Valette Handel getrieben habe, so sei dies sträflich gegen die Ordensgesetze geschehen und das Geschäft des Paters gehe den Orden selbst durchaus nichts an.“ Die Sache kam vor das Gericht; dies verlangte die Vorlegung der Konstitutionen, auf welche sich der Orden berief, und erklärte dann: „dieselben haben in Rechtssachen keine Gültigkeit, und der Orden ist schuldig die Summe zu bezahlen, weil kein einzelner Jesuit, als solcher, ein Eigenthum haben darf, sondern alle Güter der Einzelnen nur das Vermögen des ganzen Ordens ausmachen.“ Da nun bei dieser Gelegenheit die Konstitutionen des Ordens bekannt wurden, so konnte jetzt das Parlament aus denselben die Gefahr des Ordens für den Staat beweisen. Es erklärte denn auch (1761) alle Privilegien, welche die Päpste dem Orden ertheilt hatten, für Mißbräuche; es ließ ferner eine Menge Schriften von Jesuiten (welche mit Genehmigung der Oberen gedruckt worden waren und Königsmord, Aufruhr, so wie andere Verbrechen rechtfertigten) durch die Hand des Henkers öffentlich verbrennen, und es veröffentlichte endlich einen Auszug schädlicher Lehren, welche aus den Schriften der Jesuiten gezogen waren. Diese Energie des Parlaments unterstützte der damalige Minister, der Herzog von Choiseul. König Ludwig XV. aber, durch schändliche Ausschweifungen fast völlig abgestumpft, gab sich dabei zufrieden, als man ihn versicherte, daß der Orden nur verbessert werden sollte. Auch machte man dem Orden wirklich den Vorschlag, daß ein geborner Franzose als Generalvikar über sämmtliche Jesuiten in Frankreich gesetzt werden solle. Als aber der Ordensgeneral Lorenz Ricci diesen Vorschlag erfuhr, sprach er: „eine solche Veränderung der Ordensverfassung darf ich nicht zugeben. Die Jesuiten müssen entweder bleiben, wie sie sind, oder aufhören zu sein.“ Wohl wahr, und zwar für alle Zeiten! O bedächt' es noch heutzutag jeder Staat! Mit diesen Worten hatte der unbeugsame General dem Orden selbst das Urtheil gesprochen. Am 6. August 1762 erließ nun das Parlament den Beschluß: „die Gesellschaft Jesu ist, als staatsgefährlich, in Frankreich aufgehoben.“ Doch wurde den Mitgliedern erlaubt Pfarrstellen zu bekleiden und Pfründen zu besitzen, d. h. unter der Bedingung, wenn sie jede Gemeinschaft mit dem Orden eidlich aufgeben wollten. Sie thaten dies nicht; da gebot ihnen das Parlament im Jahr 1764, binnen 4 Wochen Frankreichs Boden zu verlassen. Der König bestätigte die Aufhebung des Ordens, erlaubte jedoch den ehemaligen Mitgliedern desselben, in Frankreich zu bleiben, aber unter der Bedingung, daß sie den Staatsgesetzen gehorsam nachleben würden.

Nun versuchte der Papst Klemens XIII. mit vergeblicher Mühe, den Orden zu stützen und zu retten. Er ließ nach Aufhebung desselben in Frankreich eine Bulle ausgehen, worin er denselben feierlich bestätigte. Doch sowohl das französische Parlament als auch die Republik Venedig verboten die Einführung und Bekanntmachung dieser Bulle, und menschliche Kraft konnte den Sturz dieses ungeheuren Instituts nicht mehr aufhalten, welches von der Rache der beleidigten Menschheit und von eigner Schuld zu Boden geworfen ward.

Dies zeigte sich zunächst am allerdeutlichsten in Spanien, wo die Macht der Jesuiten noch in der Zeit, als sie aus Portugal vertrieben wurden, unerschütterlich fest zu stehen schien, denn sowohl König Ferdinand VI. und dessen Nachfolger Karl III., als auch Volk und Adel waren ihnen ergeben. Da begab sich's 1766, daß das Volk in Madrid einen Aufruhr erhob, und der König erfuhr, daß die Jesuiten denselben erregt und ihn für einen des Thrones verlustigen Bastard erklärt hätten. Sein Minister, der Graf von Aranda, lag ihm nun dringend an, nach dem Vorgang Portugals und Frankreichs, die Jesuiten als staatsgefährliche Menschen aus allen Theilen der spanischen Monarchie zu vertreiben. Der König gab seine Einwilligung dazu. Die Vollziehung wurde auf's strengste geheim gehalten. Und siehe da, plötzlich wurden in einer Nacht (vom 2. auf den 3. April 1767) alle Gebäude der Jesuiten in Spanien mit Soldaten umstellt, alle Ordensbrüder (und deren waren in Spanien an 7000) gefangen genommen und nach den Hafenstädten abgeführt, wo man sie nach Italien einschiffte. Gleiches geschah in den spanischen Besitzungen in Amerika. Ihre Güter wurden eingezogen, dagegen erhielt jeder eingeborne Jesuit ein Jahrgeld, aber auf die Zurückkunft nach Spanien stand eine schwere Strafe. Nichts half ihnen jetzt ihre Macht, nichts ihr Einfluß. Es war Gottes Hand, welche die Hände der Machthaber gegen sie lenkte. Die vertriebenen Jesuiten mußten lange auf den Schiffen bleiben, weil sie der Papst anfangs nicht im Kirchenstaat aufnehmen wollte; da hatten die Unglücklichen lange kein Obdach, um ihr Haupt zur Ruhe zu legen. Endlich ließ man sie auf der Insel Korsika landen, und später nahm sie der Papst in den Kirchenstaat auf. Doch faßte Rom kaum ihre große Zahl. Im November desselben Jahres 1767 wurden die Jesuiten auch aus dem Königreich Neapel vertrieben und nach dem Kirchenstaat geschafft. Eben so erging es ihnen in Malta und (1768) in Parma.

Aber der härteste Schlag stand ihnen noch bevor. Ihr Freund und Beschützer, Papst Klemens XIII., starb 1769 ganz plötzlich, am Tage vor dem 3. Februar, auf welchen er ein geheimes Consistorium angesetzt hatte, um sich dem einstimmigen Verlangen der Höfe hinsichtlich der Aufhebung des Jesuitenordens zu fügen. Durch den Einfluß jener Höfe, welche den gänzlichen Untergang des Ordens durchsetzen wollten, wurde der Kardinal Ganganelli zum Papst erwählt. Er nannte sich als solcher Klemens XIV. und versuchte einige Jahre hindurch mit redlichem Eifer, den Orden durchgreifend zu verbessern, um dessen Untergang zu verhindern. Es war umsonst; auch Klemens XIV. konnte den Geist der Zeit nicht aufhalten, welche das Gericht verlangte. Da erließ er denn am 21. Juli 1773 eine Bulle, welche mit den Worten anfing: „Dominus ac redemptor noster,“ in welcher er den ganzen Orden als Körperschaft auflöste und für ewige Zeiten vernichtete, in einem Augenblick, da jener über 22,000 Mitglieder zählte! Der Papst sagte in dieser Bulle unter anderm: daß viele Mittel und Vorkehrungen zur Verbesserung des Ordens beinahe gar keine Einwirkungen und Kraft bethätigten, vielfältige Störungen, Unruhen und Klagen gegen denselben wegzuräumen und zu zerstreuen; daß es fruchtlos blieb, was seine Vorgänger dafür thaten, Urban VIII., Klemens IX., X., XI. und XII., Alexander VII. und VIII., Innocenz X., XI., XII. und XIII., und Benedikt XIV., welche in der Kirche den so heiß erwünschten Frieden herzustellen suchten, und mehrere höchst heilsame Anordnungen erließen, sowohl über die Untersagung weltlicher Geschäfte, deren sich die Gesellschaft angenommen hatte, — nicht allein gelegentlich von Missionen, sondern auch ohne diese, — als auch über ihre sehr schweren Vereinigungen und Streitigkeiten mit den Ortsordinarien (Bischöfen), den regulirten Orden, den frommen Stiftungen und Körperschaften jeder Art, die sich in Europa, in Asien und in Amerika befinden, wodurch das Seelenheil in größte Gefahr gerathen ist, und die Völker darob laut ihr Staunen äußerten; denn auch die Deutung und die Ausübung heidnischer, in einzelnen Gegenden beobachteter Sitte berührten sie, und setzten dagegen diejenigen bei Seite, welche von der allgemeinen Kirche angenommen sind; sie überließen sich der Ausübung und Interpretation von Gesinnungen, welche der apostolische Stuhl aus Gründen als schändlich und als der besseren Ordnung der Sitten offenkundig schadend erklärt hatte. Endlich haben sie in noch anderen Gegenständen von nicht minderem Gewicht und solchen, die vorzugsweise für Erhaltung der Reinheit der christlichen Lehre bestimmt waren, sich verfehlt, wovon Allem in der jetzigen Zeit sowohl als in der vor uns gewesenen eine Menge Nachtheile und Schwierigkeiten sich erhoben, wie denn auch von solchen allein die Unruhen und Tumulte in den katholischen Ländern und die Verfolgungen der Kirche in mehreren Provinzen Asiens und Europas entsprangen ..... Ersehend (heißt es weiter in der Bulle) daß die besagte Gesellschaft Jesu genügende und heilsame Früchte so wenig als die großen Vortheile gewähren kann, welcher wegen sie bestätigt und mit so vielen Privilegien versehen ward, und daß selbst, wenn sie bestehen bleibt, es außerordentlich schwer, wenn nicht rein unmöglich ist, der Kirche wahren und bleibenden Frieden zu schaffen, — — heben Wir auf und unterdrücken hiermit die besagte Gesellschaft, Wir entkleiden sie aller und jeder Aemter, jedes Dienstes, aller Verwaltung, Wir benehmen ihr ihre Häuser, Schulen, Kollegien, Hospitien, Güter, an welchem Orte, in welcher Provinz und in welchem Reiche sie gelegen seien oder ihr angehören; Wir entziehen ihr alle Statuten, Gebräuche, Dekrete, Gewohnheiten, Verordnungen, sie mögen durch Eidesleistungen, durch apostolische Genehmigung oder auf andere Weise ihr geworden sein, eben so alle und jede Bewilligungen, welches Namens sie seien, ... Wir erklären deßhalb als auf ewig aufgehoben und erloschen jedwede Gewalt des Generals, der Provinzialen, Visitatoren und aller andern Obern der besagten Gesellschaft sowohl in geistlicher als weltlicher Beziehung. Ihre Gerichtsbarkeit übertragen wir ohne Unterschied auf die Ortsordinarien, ... und Wir verbieten durch Gegenwärtiges, irgend jemand in die besagte Gesellschaft zum Noviziat oder den höheren Graden aufzunehmen oder zu befördern; Wir befehlen, daß solche, welche schon aufgenommen sind, weder einfache, noch feierliche Gelübde leisten dürfen, unter Strafe der Nichtigkeit der Aufnahme und des Gelübdes und unter weiterer besonderer Bestrafung; u. s. w. .... Wir ermahnen (heißt es zum Schluß) alle christlichen Fürsten, gegenwärtigem Erlaß die vollste Wirkung durch Anwendung der Macht und Gewalt, welche ihnen von Gott geworden ist, zu verschaffen; ..... Wir ermahnen alle Christen, daß gegenseitige, umfassende Liebe ihre einzige Pflicht ist, daß sie Streit und Hader, Klagen und Widerwillen und Alles hassen sollen, was der Erbfeind des menschlichen Geschlechts erdacht hat, um die Kirche zu stören und der ewigen Glückseligkeit der Gläubigen Hindernisse in den Weg zu legen, unter dem fälschlichen Vorwand von Schulmeinungen oder gar von christlicher Vollkommenheit .... Diese unsere Briefe sollen, welches Vorwandes und welches Vorgebens man auch in Form oder Recht sich bedienen möchte, weder untersucht und angefochten, weder in ihrer Kraft geschwächt noch zurückgenommen werden, ... sondern die gegenwärtige Verordnung soll von nun an immer in Kraft und beständiger Wirksamkeit bleiben. — — — Am 16. August wurde diese Bulle den Jesuiten in Rom bekannt gemacht, und der General Ricci hierauf mit seinen Assistenten und mehreren andern Ordensbrüdern als

Gefangene in die Engelsburg gebracht. Dort starb Lorenz Ricci am 24. November 1775 so ungebeugt, wie er für den Orden standhaft gelebt hatte. Bereits etwas über ein Jahr vor ihm war Klemens XIV. verschieden; die ganze Welt glaubte, daß ihn die Jesuiten aus Rache vergiftet hätten: auch er selbst glaubte es; denn schon als er die Aufhebungsbulle unterzeichnete, sprach er: „da schreibe ich mir mein Todesurtheil.“ In zwei aus jesuitischer Feder geflossenen Denkschriften wurde Klemens XIV. „ein Gotteslästerer, ein Ketzer, ein Jansenist, ein durch Simonie unrechtmäßig eingedrungenes Kirchenhaupt“ und das Aufhebungsdekret „eine dem Evangelium geradezu widersprechende Handlung, eine förmliche Ketzerei, eine Versündigung wider alle, sogar die natürlichen Gesetze“ genannt.

So war nun der Orden nach 233 Jahren, seitdem ihn ein Papst (Paulus III.) in seiner vermeintlichen Eigenschaft als „untrüglicher Statthalter Jesu Christi“ feierlich bestätigt hatte, abermals durch einen Papst, also kraft derselben göttlichen Erleuchtung, kraft derselben „Untrüglichkeit“, — aufgelöst. Wie reimen sich diese beiden Untrüglichkeiten auf einander? Wie dem auch sei, der Jesuitenorden hatte nun, Kraft jener Bulle, rechtlich aufgehört zu existiren, und wurde auch in den katholischen deutschen Ländern unterdrückt. So denn auch in Baiern, wo sie sich für unüberwindlich gehalten hatten. Eben so in der österreichischen Monarchie. Lange hatte die erhabene Kaiserin Maria Theresia in tiefer Herzensfrömmigkeit allen darauf bezüglichen Vorstellungen ihres großen Staatsministers Kaunitz widerstanden; lange hatte sie diesem auf alle wichtigen Gründe der Politik, welche er ihr zu Gemüth führte, nur durch Thränen geantwortet. Sie entschloß sich erst dann, und zwar aus gerechter Entrüstung, zu dem wichtigen Schritt, als ihr der Graf von Wilczek (ihr Gesandter in Rom) ihre eigenen Worte wiederholte, die sie zu ihrem Beichtvater, dem Jesuiten Pater Parhamer über die Theilung Polens im Beichtgeheimniß gesprochen hatte. Der Jesuit hatte sie nämlich dem General in Rom wieder mitgetheilt. Da unterschrieb die Kaiserin das Dekret zur Aufhebung des Ordens. So erzählt ein Gewährsmann. Ein anderer berichtet: der Papst selbst habe der Kaiserin vorgestellt, daß sie durch einen so hartnäckigen Widerstand gegen die mit der göttlichen Autorität bekleidete Kirche ihr Gewissen belaste, worauf sie erwiederte, daß sie lediglich deßhalb, weil der Papst die Aufhebung des Ordens für nothwendig halte, als treugehorsame Tochter der Kirche, dessen Bulle vollziehen lassen werde. Welcher Bericht nun auch die Wahrheit enthalte, — am 14. September 1773 wurde die Aufhebung in Wien vollzogen. Wie Marien Theresiens großer Sohn, Kaiser Joseph II., über die Jesuiten dachte, erhellt aus folgenden Briefen desselben an Choiseul und Aranda. Dem ersteren schrieb er im Jahre 1770 über die Jesuiten: „Ich kenne diese Leute so gut wie irgend Einer, weiß alle ihre Entwürfe, die sie durchgesetzt, ihre Bemühungen, Finsterniß über den Erdboden zu verbreiten und Europa vom Kap Finisterrae bis an die Nordsee zu regieren und zu verwirren. In Deutschland waren sie Mandarins, in Frankreich Akademiker, Hofleute und Beichtväter, in Spanien und Portugal die Grandes der Nation, in Paraguay Könige. Wäre mein Großonkel Joseph I. nicht Kaiser geworden, so hätten wir in Deutschland vermuthlich Malagridas, Aveiros, und einen Versuch des Königsmordes erleben können. Er kannte sie aber vollkommen, und als das Synedrium des Ordens seinen Beichtvater einstens im Verdacht der Redlichkeit hatte, und daß dieser Mann mehr Anhänglichkeit an den Kaiser als für den Vatikan bewies, so wurde er nach Rom citirt. Er sah sein ganzes grausames Schicksal voraus, wenn er dahin müßte, und bat den Kaiser, es zu verhindern. Umsonst war alles, was der Monarch gethan, um diesem Schritt vorzubeugen. Selbst der Nuntius verlangte im Namen seines Hofes seine Entfernung. Aufgebracht über diesen Despotismus Roms erklärte der Kaiser, daß, wenn dieser Priester ja unumgänglich nach Rom müßte, er nicht ohne zahlreiche Gesellschaft dahin reisen solle, und daß ihn alle Jesuiten in österreichischen Ländern dahin begleiten müßten, von denen er keinen wieder sehen wolle. Diese in den damaligen Zeiten unerwartete und außerordentlich entschlossene Antwort des Kaisers machte die Jesuiten von ihrem Vorhaben zurückgehen ...." Und an Aranda schrieb Joseph II. im Jahre 1773 kurz nach der Aufhebung des

Ordens unter Anderm: „Noch ehe die Jesuiten in Deutschland bekannt geworden, war die Religion eine Glückseligkeitslehre der Völker; sie haben sie zum empörenden Bilde umgeschaffen, zum Gegenstand ihres Ehrgeizes und zum Deckmantel ihrer Entwürfe herabgewürdigt ..... Wenn ich zu irgend einem Haß fähig wäre, so müßte ich diejenige Menschengattung hassen, die einen Fenelon verfolgt und welche die Bulle in coena domini hervorgebracht, die so viel Verachtung für Rom erzeugt — —“ Nur Friedrich der Große, König von Preußen, weigerte sich, in den katholischen Theilen seines Staates die Aufhebungs-Bulle des Papstes anzuerkennen, welchen er, als Protestant, nicht für das Oberhaupt der Christenheit halten konnte; Friedrich der Große wollte die Jesuiten nicht von der Duldung ausschließen, welche er allen seinen Unterthanen mit seinem Königswort verbürgt hatte. Gleichwohl erkannte dieser weise Monarch gar bald, wie wenig die Jesuiten solcher Gnade, ja jedes Rechtsschutzes überhaupt würdig waren, sie, welche selbst keine Rechte als die ihrigen, kein Recht der Staaten, der Völker, der Könige, der Menschheit anerkannten. Bald (im Jahre 1776) sah sich Friedrich der Große veranlaßt, den Jesuiten zu befehlen, ihre Ordenskleidung abzulegen. Sie hießen nun Priester des königlichen Schulinstituts, bis endlich König Friedrich Wilhelm II. dies aufhob und die Jesuitengüter den Universitäten zu Halle und zu Frankfurt an der Oder überwies.

Nachdem nun der Jesuitenorden gerade auf Andringen der römisch-katholischen Höfe aufgehoben worden war, erhielt er sich in jenem Reiche, in welchem er nie einen durchgreifenden Einfluß hatte gewinnen können und wo die Nationalkirche (die griechische) stets jeden Versuch zu einer Vereinigung mit der römischen auf's Beharrlichste abgewiesen hatte, — nämlich in Rußland. Ueber dies Reich herrschte damals die Kaiserin Katharina II., welche bei der Theilung Polens versprochen hatte, in jenem Theil dieses Landes, der an Rußland gekommen war, die dort bestehende Religion aufrecht zu halten. Als nun Klemens XIV. den Jesuitenorden, welcher in Polen so zahlreiche Mitglieder hatte, aufhob, vollzog Katharina II., als Selbstherrscherin, dies Machtgebot nicht. Uebrigens unterstützte auch der Graf Czernitschew die Sache der Jesuiten eifrig und der Bischof von Mallo in Weißrußland erlaubte ihnen im Jahre 1779, wieder Novizen aufzunehmen. Die Kaiserin Katharina II. gestattete ihnen 1782, sich einen Generalvikarius zu erwählen, und fügte noch die ausdrückliche Erklärung hinzu, daß „der Orden unverletzt und ohne die mindeste Einschränkung erhalten werden solle.“ So erhielt sich ein frisches Reis des abgehauenen Riesenbaumes unbeachtet in Rußland, schlug dort tiefe Wurzeln und erwuchs bald zu einem neuen kräftigen Stamm mit zahlreichen Aesten; schon 1786 hatte die Gesellschaft Jesu wieder 178 Mitglieder.

Aber auch in den übrigen Staaten waren die Jesuiten, obgleich sie ihren Namen und ihr Ordenskleid abgelegt hatten, und entweder als Weltgeistliche, Lehrer, Gelehrte oder in andern Ständen lebten — überall waren sie im Geist noch Jesuiten geblieben. Sie erinnerten sich an die gewesene Herrlichkeit, sie waren überzeugt, daß die meisten ihrer Brüder noch fest hielten an der Idee ihres großen selbstständigen Staates. In jener Erinnerung und in dieser Ueberzeugung, von Hoffnung und von Herrschsucht getrieben, arbeiteten sie nun im Stillen mit allen Künsten, welche sie gelernt hatten, an der Wiederherstellung des Ordens; und nur mit noch größerer Erbitterung als je unterminirten sie die Staaten. Dies ward ihnen um so leichter, da sie nun nicht mehr aus der Masse aller Staatsangehörigen heraus, durch besondere Kleidung und Sitten unterschieden werden konnten. So verschafften sie sich einflußreiche Stellen im Staatsdienst, in der Kirche, im Schulwesen.

Am wirksamsten zeigten sich ihre Bemühungen in dem österreichischen (früher spanischen) Antheil der Niederlande (d. i. den belgischen Provinzen). Dort entstand gegen die durchgreifenden Neuerungen Kaiser Josephs II., besonders in religiöser Beziehung, ein allgemeiner Aufstand, in Folge dessen sich die Stände 1790, von Oesterreich unabhängig, als vereinigten Staat von Belgien erklärten. Damals haben die Jesuiten die bedrohte bürgerliche Freiheit zum Vorwand genommen, und den unsterblichen Kaiser, Joseph II., als einen Feind der Religion zu verlästern gesucht, und dennoch war er in der That aufrichtig religiös; eben aus tief religiösem und sittlichem Gefühl hat er in seiner Ueberzeugung von den hehren Pflichten seines Herrscheramtes all die zahllosen Mißbräuche, all den unseligen, verdummenden und entsittlichenden Aberglauben aufzuheben gestrebt, wodurch eigennützige Pfaffen seit Jahrhunderten das heilige und reine Grundwesen des Christenthums umdüstert und fast unkenntlich gemacht, und die hohe edle Bedeutung des achtungswürdigen Priesterstandes entweiht hatten. Die Pfaffen haben sich dafür unversöhnlich an dem edlen Kaiser gerächt, sie haben das Volk gegen ihn aufgewiegelt, sie haben die Absichten dieses kaiserlichen Menschenfreundes zu verdächtigen, sein Andenken zu beschmutzen gesucht. Aber sein Name steht für alle Zeiten glorreich im Buche der Menschheit in der Reihe jener Geister, welche fürs Wohl der Menschheit bewußt und groß gelebt und gelitten haben!

In ähnlicher Weise wirkten die kuttenlosen Jesuiten auch in Baiern, wo sie noch von ihrer guten alten Zeit her das biedre kernhafte Volk in geistiger Abhängigkeit erhielten, der Aufklärung unermüdlich entgegen; sie griffen die neue Gestaltung des Schulwesens, die neugestiftete Akademie der Wissenschaften, kurz alle neueren Einrichtungen zur Volksveredlung aufs heftigste an und suchten auf alle Weise die Wiederherstellung ihres Ordens zu erringen. Ein eigenthümliches Ereigniß erleichterte ihnen ihr Spiel. Es gab nämlich aus früheren Zeiten her eine edle und ehrwürdige Verbrüderung unbescholtener Männer, welche in stiller Abgeschlossenheit das hohe Urbild der Menschheit zu verwirklichen dachten und mit allen Kräften, mit wechselseitiger Aufopferung und in ächt brüderlicher Liebe dahin strebten, die Humanität in jeder Beziehung zu befördern. Dieser Brüderbund der edelsten Menschen, welcher noch heutzutage besteht und segensreich fortwirkt, heißt der Freimaurerbund. Alle Mitglieder desselben, ob sie nun Fürsten oder Bauern, Priester oder Laien, Gelehrte oder Ungelehrte, Millionäre oder Arme sind, kennen in ihrem Verhältniß zu einander keinen Standesunterschied, sondern erkennen sich bloß als Menschen; sie kennen ebensowenig einen Unterschied der kirchlichen Satzungen, aber sie machen Gottesliebe zur ersten Pflicht, sie ehren die Religion eines

Jeden und ebenso die Gesetze des Staates; weit davon entfernt, Religion oder Staat zu beeinträchtigen, suchen die Freimaurer vielmehr, in ihrer Eigenschaft als Mitglieder eines dritten ewigen und reinen Instituts, Aufklärung zu befördern, Noth zu lindern, Bürgertreue zu befestigen, und verbinden durch ihr Wirken die Religion und den Staat erst recht innig und dauerhaft. Der Freimaurerbund ist ebenso weit verbreitet über die ganze Erde, als es der Jesuitenorden war; aber sein Zweck, der der Menschheits- und Menschenliebe, in der höchsten reinsten Bedeutung dieses Worts, ist und war natürlich durchweg dem Zweck des Jesuitenordens, dem Egoismus, so feindselig entgegengesetzt, wie Tag und Nacht. Deshalb ist's wohl begreiflich, daß der Jesuitenorden den Freimaurerbund schon lange als seinen Nebenbuhler haßte, verdächtigte und verfolgte (was er auch noch heute thut). So war's auch damals in Baiern der Fall, unter der Regierung des Kurfürsten Karl Theodor. Nun entstand aber damals eine eigenthümliche Sekte, die der sogenannten Illuminaten, welche die Verfassung des Jesuitenordens mit den geheimnißvollen Gebräuchen des Freimaurerbundes zu verschmelzen suchte. Adam Weishaupt, Professor an der Universität zu Ingolstadt, stiftete im Jahre 1776 den Illuminatenorden und zwar ursprünglich in der Absicht, die Feinde der Aufklärung zu bekämpfen. Aber weil er seinen Plan, nach dem Muster des Jesuitenordens, auf einem knechtischen Verhältniß der Mitglieder, auf einem Despotismus der leitenden Oberen begründete, trug derselbe auch schon von Anfang her den Keim des Verderbnisses und Verfalls in sich. Es bestanden in dieser geheimen Verbindung des Illuminatenordens mehre Grade für die Eingeweihten, und zwar genau so wie bei den Jesuiten, nämlich, daß der Untere stets blind unter den Befehlen seines nächsten Oberen stand, aber sich durch seine Fähigkeiten auch wieder zu höheren Graden aufschwingen konnte, und daß endlich die eigentlichen obersten Häupter des Ordens, welche vor aller Welt in tiefem Geheimniß verborgen waren, die volle Herrschaft in Händen hatten und über den unbedingten Gehorsam aller Untergebenen verfügen konnten. Bei solcher Verfassung war also der Illuminatenorden fast wie eine Verjüngung des Jesuitenordens, jedoch unter mißbrauchten freimaurerischen Formen; und jener innere Fluch gab sich bald kund, — dadurch nämlich, daß die herrschenden unsichtbaren Oberen ihre Gewalt nicht zum Heil der Menschheit, sondern zu ihrem eigenen zeitlichen Vortheil und zu dem ihrer Kreaturen zu benutzen suchten. Die staatsgefährliche Ausartung des Illuminatenordens, welcher sich bald in einem großen Theile Deutschlands ausbreitete und zur Zeit seiner größten Blüthe 2000 Mitglieder hatte, kam an den Tag, und derselbe wurde im Jahre 1785 von der baierischen Regierung aufgehoben. Den heimlichen Jesuiten aber war dieser Sturz der Illuminaten ein willkommener Anlaß, dem Kurfürsten Karl Theodor ihre eigene Wichtigkeit anzupreisen, als hinge alles Heil der Kirche, sowie die Rettung des Staates vor verderblichen Umtrieben einzig von ihnen ab, und sie verdächtigten nun erst recht die Aufklärung und den edlen Freimaurerorden. Diese gefährlichen Rückwirkungen der Jesuiten traten bald auch in ganz Deutschland immer lauter und kühner, immer bemerkbarer ans Tageslicht hervor. Die heimlichen Jesuiten und ihre verbündeten stillen Verehrer ließen Schriften im Drucke ausgeben, worin sie die schönen Worte „Aufklärung" und „Humanität" als gleichbedeutend mit Gottesläugnung verdächtigten und alle edleren Geister, welche für den Fortschritt der Menschheit kämpften und das alte Reich der Finsterniß nicht wieder aufkommen lassen wollten, zu Verworfenen brandmarkten. Wie sehr die Macht der römischen Kurie damals vorzugsweise in Baiern erstarkt war, zeigte sich leider dadurch, daß es ihr durch den weltlichen Arm der bairischen Regierung gelingen konnte, eine Bewegung, welche von vier deutschen Erzbischöfen (jenen von Köln, Trier, Mainz und Salzburg) ausging und die Befreiung der deutschen katholischen Kirche von der römischen Hierarchie zum Zwecke hatte, zu unterdrücken. Als nämlich der Papst, gegen alle sehr nachdrücklichen Vorstellungen, entschlossen blieb, einen Nuntius an den pfalzbaierischen Hof, nicht etwa bloß als Gesandten, sondern als einen mit geistlicher Gerichtsbarkeit versehenen Delegaten zu schicken, wendeten sich die Erzbischöfe von Mainz und Salzburg an Kaiser Joseph II., als den eigentlichen Schutz- und Schirmvogt der deutschen Kirche, und riefen seinen reichsoberhauptlichen Beistand gegen solche Neuerungen und gewaltsame Eingriffe der römischen Kurie an. Joseph II. versprach ihnen seinen Schutz und machte jenen vier Erzbischöfen bekannt, daß er durch seinen bevollmächtigten Minister zu Rom die Erklärung gethan habe: er, der Kaiser, werde fernerhin keinem einzigen Nuntius im deutschen Reiche mehr gestatten, eigene geistliche Gerichtsbarkeit auszuüben, noch dulden, daß die Erz- und Bischöfe im Reich auf solche Weise in ihren von Gott und der Kirche ihnen eingeräumten und zustehenden Diöcesanrechten gestört würden; vielmehr werde er alles beitragen, daß dieselben in alle ihre ihnen entrissenen ursprünglichen Rechte wieder eingesetzt würden; und rief sie deßhalb feierlich mit ihren Suffragan- und exemten Bischöfen in Deutschland auf, ihre Metropolitan- und Diöcesanrechte gegen alle Anfälle aufrecht zu erhalten und alles dasjenige, was immer Einschreitung oder Eingriffe des päpstlichen Hofes und dessen Nuntien wider solche Rechte und die gute Ordnung sein könnte, standhaft hintan zu halten. Daraufhin trafen nun jene vier Erzbischöfe durch ihre Bevollmächtigten am 25. August 1786 zu Bad-Ems eine Uebereinkunft, die sogenannte „Emser Punktation“ in 23 Artikeln, worin sie sich auf die Unveräußerlichkeit ihrer Rechte und auf die Gültigkeit der, ungeachtet des Aschaffenburger Konkordats, eigentlich doch nie aufgehobenen Beschlüsse des Baseler Conciliums (von 1439) und die wiederholten feierlichen Versprechungen der Einberufung einer allgemeinen Kirchenversammlung beriefen; demgemäß erklärten sie die Einmischung der römischen Kurie in die Angelegenheiten der deutschen Kirche für einen Mißbrauch und die Jurisdiktion der päpstlichen Nuntien für aufgehoben; der Vasalleneid, welchen die deutschen Bischöfe dem Papst zu leisten hatten, sollte abgeändert, die Annaten- und Palliengelder, die nach Rom flossen, sollten wenigstens ermäßigt, Ausländer von deutschen Pfründen ausgeschlossen, alle Exemtionen der Klöster und alle Verbindungen der Ordensleute mit ihren Oberen im Ausland aufgehoben, alle Ehehindernisse in gewöhnlichen Dispensationsfällen abgeschafft werden; als dritte Appellationsinstanz sollten Provinzial-Synodalgerichte errichtet, das unselige Aschaffenburger Konkordat einer strengen Revision unterworfen, endlich ein allgemeines oder ein deutsches National-Concilium zusammenberufen werden. Der hartnäckigste Widerstand der römischen Kurie hiergegen ließ sich nicht lange erwarten, und der päpstliche Nuntius Pacca zu Köln erklärte die Dispensation sogleich beim ersten Versuch der Erzbischöfe sie auszuüben, für ungültig. Zwar kassirte der Kaiser das betreffende Rundschreiben des Nuntius, und die vier Erzbischöfe befahlen den Pfarrern, dasselbe abzuweisen; aber der Kurfürst von Pfalzbaiern verbot den Pfarrern in der zu Mainz gehörigen Wormser Diöcese, den Erzbischöfen Gehorsam zu leisten, widrigenfalls ihnen ihre Einkünfte entzogen werden sollten, und drohte zugleich den Erzbischöfen: er werde seine Länder ihren Sprengeln entziehen; so machte Pfalzbaiern, aus Besorgniß für eine etwaige Beschränkung der landesherrlichen Macht durch die Erzbischöfe, lieber mit der römischen Kurie gemeinschaftliche Sache, und so ward der Zweck der Emser Punktation vereitelt, welche zu noch größeren Resultaten hätte führen können. Eine Lehre ergibt sich daraus, welche der Beachtung werth ist, daß das Werk deßhalb erfolglos blieb, weil die Erzbischöfe einmal nicht von vorn herein alle deutschen Bischöfe überhaupt zur Theilnahme an der gemeinsam-deutschen Sache aufriefen, und dann auch, weil sie nicht eben auch von vorn herein gleich vollkommen entscheidende Maßregeln zur gänzlichen Lostrennung von der Oberherrschaft der römischen Hierarchie einschlugen. Ich habe diesen Rückblick auf die „Emser Punktation" hier eingeschaltet, weil es in unseren Tagen dringend nothwendig ist, sich derselben wieder zu erinnern, das damals begonnene Werk mit größerer Umsicht und Energie neuerdings zu unternehmen und durch Gründung einer freien deutschen katholischen Kirche mit Nationalkoncilien der Oberherrschaft Roms über Deutschland und der Pest des Jesuitismus ein Ende zu machen.

Als die französische Revolution ausbrach und sich wie in Lavaströmen ausgoß durch ganz Europa, als jeder Fürst auf seinem Throne vor der Macht der Volksidee zitterte, die ihr uraltes verhöhntes Recht blutig heimfordert, wenn es ihr nicht gutwillig wieder eingeräumt wird; da glaubten die verkappten

Jesuiten den vortrefflichsten Anlaß gefunden zu haben, um den Fürsten ihren Orden wie einen Blitzableiter gegen die Wetter des Himmels zu empfehlen. „Seht," sprachen sie, „das ist die Folge davon, daß der Orden aus Frankreich verbannt worden ist. Wäre dieß nicht geschehen, so hätten die Freigeister dort nicht aufkommen können, welche durch ihre gottlosen Schriften das Volk so weit gebracht haben." Aber diese Behauptung war eine freche Lüge gegen die Geschichte; denn der Grund der französischen Revolution war die zweihundertjährige Unterdrückung des Volkes durch den Hof, wobei eben die Jesuiten gemeinschaftliche Sache gemacht hatten; die bodenlose Verworfenheit, welche nur durch einen so fürchterlichen Aderlaß kurirt werden konnte, hatten die Jesuiten selbst durch ihre scheußliche Sittenlehre befördert, und jene Schriftsteller endlich, welche die Nation allerdings durch Aufklärung für die Revolution vorbereiteten, waren eben durch die jesuitischen Verfolgungen des freien Gedankens größtentheils erst erweckt worden. Gleichwohl hat sich jene jesuitische Lüge: „als ob nur jener Fürst, nur jener Staat sicher sein könne, der sich der Vormundschaft des Ordens und überhaupt der Kirche völlig überlasse," noch lange, selbst bis auf den heutigen Tag, geltend gemacht; die Schwachen im Geiste glauben daran, weil sie mit blöden Augen das heilige und erhabene Wesen der Religion, ohne welche keine Familie, und um wie viel weniger ein Staat bestehen kann, nur im Gewande der Kirche, und zwar der römischen, wahrzunehmen vermögen und es mit der Priesterherrschaft völlig vermengen. Aber für jeden, der seine gesunden Sinne hat, ist's sonnenklar, daß ein geistlicher Staat, der sich über allen Staaten zu stehen dünkt, die Existenz jedes einzelnen Staates, in welchem er einen eignen bilden will, zerstören muß. Nicht blinde Knechtschaft, sondern das ursprüngliche Recht ist der historische Grund des Staatswesens; nur dadurch, daß jede Verpflichtung des Einzelnen eine freiwillige ist, um das Recht jedes Andern zu stützen, nur dadurch gibt es eine bürgerliche Gesellschaft, und weil die Majestät des Fürsten, in den Rechten der Nation wurzelnd, den Inbegriff der Nationalität vorstellt, ist sie erhaben über jede Anmaßung jenes Bischofs von Rom, vor dessen Weltherrscherblicken es kein Vaterland gibt.

Neuntes Kapitel.

Wie der Jesuitenorden wieder hergestellt worden ist und was er jetzt treibt.

Nachdem nun die Gesellschaft Jesu in Rußland einen Zufluchtsort gefunden hatte, währte es auch nicht lange, daß der Papst Pius VII. sie, auf die Bitte des Jesuiten Franz Karcu, welche durch Empfehlungsbriefe des Kaisers Paul I. unterstützt wurde, als eine geistliche Körperschaft für jenes Reich bestätigte. Dies geschah am 7. Mai 1801 durch ein Breve, welches mit dem Worte: „Catholica“ anfängt. Drei Jahre später wurde diese Maßregel auch auf Neapel und Sicilien ausgedehnt durch das Breve: „Per alias“ vom 13. Juli 1804, worin der Papst sagte: es schiene ihm nothwendig, die für das russische Reich ergriffenen Maßregeln auch auf das Königreich beider Sicilien auszudehnen, auf die Bitte seines in Jesu Christo sehr geliebten Sohnes Ferdinand, welcher ihn um die völlige Wiederherstellung der Gesellschaft Jesu in seinen Staaten anging, so wie sie früher bestanden habe.

In Frankreich thaten die Jesuiten während der Herrschaft Napoleons gleichfalls viele Schritte, um ihre förmliche Wiederherstellung in jenem Lande zu bewirken, nachdem sie sich bereits seit dem Jahre 1800 dort wieder eingefunden und ihre Thätigkeit neuerdings begonnen hatten. Napoleon mißtraute derselben, gleichwohl dauerte es drei Jahre, bis sein Befehl vom Jahre 1804, daß sie sich trennen und ihre Häuser verlassen sollten, vollzogen werden konnte. So bewährte sich die Macht des Ordens dem mächtigsten Manne des Jahrhunderts gegenüber. Als aber Napoleon auf die Kaiserkrone verzichtet hatte und die Völker nun die Freiheit errungen zu haben glaubten, — was geschah? Da ward in Spanien (am 21. Juli 1814) die fluchwürdige blutbefleckte Inquisition wieder eingeführt, und bald darauf (am 7. August 1814) stellte der Papst Pius VII., nachdem er in seinen Kirchenstaat wieder eingesetzt worden, durch die Bulle, welche mit den Worten: „Sollicitudo omnium“ beginnt, auch den Jesuitenorden für die ganze Christenheit wieder her. Das war also die Frucht des großen Freiheitskampfes, — die Aufrichtung der alten Knechtschaft! Es hieß in der Bulle unter Anderm: „Die einstimmigen Wünsche beinahe der ganzen Christenheit für die Wiederherstellung der Gesellschaft Jesu führten alle Tage lebhafte und dringende Gesuche von Seiten Unserer ehrwürdigen Brüder, der Erzbischöfe und Bischöfe, so wie von den ausgezeichnetsten Personen aller Stände und Orden herbei, vorzüglich seitdem sich auf alle Seiten hin der Ueberfluß von Früchten verbreitete, welche die Gesellschaft in den Gegenden hervorbrachte, wo sie sich befand, und die Fruchtbarkeit der Schößlinge, welche die Hoffnung der Erweiterung und Verschönerung des Feldes des Herrn in allen Theilen gewähren ..... Wir müßten Uns schwerer Sünde gegen Gott theilhaftig machen, wenn Wir, mitten unter so dringenden Bedürfnissen, unter welchen die öffentliche Sache leidet, es versäumten, ihr die heilsame Hülfe zu gewähren, welche Gott durch seine Vorsehung in unsere Hände legt; wenn Wir, in das Schiff Petri getreten, unter den Wogen der Stürme, die kräftigen und erfahrenen Ruderer zurückweisen wollten, welche sich uns anbieten, um die brausenden Wellen zu durchbrechen, welche Uns jeden Augenblick mit unvermeidlichem Verderben bedrohen ...“ Im Verlauf der Bulle werden dann die Fürsten, Erzbischöfe, Bischöfe und alle in Würden stehenden Personen ermahnt, „es nicht zu gestatten und nicht zu dulden, daß Jemand die Gesellschaft Jesu und ihre Mitglieder beunruhige, vielmehr sie mit Güte und Liebe aufzunehmen.“ Am Schluß endlich heißt es: „Wer sich unterfangen sollte, dem Inhalt der Wiederherstellungsbulle zuwider zu handeln, der wisse, daß er sich den Zorn Gottes, des Allmächtigen und der heiligen Apostel Petrus und Paulus zuziehen werde.“

In jenen heißen Tagen, da die Völker für ihr Theuerstes auf Erden, für ihre Unabhängigkeit, für ihre Existenz, für die Rechte ihrer Fürsten in die Schlachten zogen, war die patriotische Begeisterung auch eine innig religiöse geworden, und diese dauerte auch noch nach den Siegen über Napoleon einige Zeit lang fort. In dieser religiösen Aufregung vergaßen viele schwache Gemüther die furchtbaren Lehren der Vergangenheit, und erwarteten Heil von einem Orden, welcher die Nationalität überall stets bekämpft hat, und auch in Zukunft bekämpfen muß, wenn er selbst existiren will. Ja, Manche hofften sogar mit Zuversicht, daß er die Throne gegen die Anfechtungen des Zeitgeistes stützen würde. Er — die Throne stützen! Sie bedachten nicht, daß der Zeitgeist stets nur der Ausdruck jener Bedürfnisse ist, welche aus dem innersten Wesen der Völker hervorgehen und welchen man sich nicht widersetzen kann, ohne davon erdrückt zu werden; sie bedachten nicht, daß Vertrauen die beste Stütze der Throne ist, daß die Völker den Fürsten so gern damit entgegenkommen, und daß keine Macht der Welt im Stande ist, jene rechtschaffenen Fürsten zu vernichten, welche dasselbe durch die That erwiedern.

Wie nun der Jesuitenorden durch eine dritte päpstliche „Untrüglichkeit" wieder hergestellt war, trat der Pater Thaddäus Borzozowsky, welcher bis dahin General in Rußland gewesen war, an dessen Spitze, und alsobald thaten sich in allen Ländern die alten Profeßhäuser und Noviziate, die alten Kollegien und Seminarien wieder auf. Siegesstolz zogen die Ordensbrüder wieder in ihren schwarzen Kutten umher, und begannen mit dreifacher Lust ihr altes Werk auf's Neue, während die Völker, noch ermattet von ihren letzten Anstrengungen, ja fast erschlafft, wie im Schlummer lagen. Die Ordenshäuser in Rom faßten die Zahl der neuen Mitglieder nicht, und seit dem Jahre 1817 haben die Jesuiten dort auch ein „collegium germanicum"; hör's, deutsches Volk, und merk' es wohl! In allen Städten Italiens übernahmen die Jesuiten wieder die Erziehung der Jugend; in Genua, Verona, Modena, Parma, Ferrara haben sie ihre Erziehungshäuser aufgethan, wo die Jugend unverdorben hinein und mit jesuitischen Grundsätzen wieder heraustritt; in Neapel haben sie außer den Kollegien für Bürgersöhne noch ein adeliges Institut; in Piemont und Sardinien erheben sie seit 1823 stolz die Häupter. In Spanien ernannte König Ferdinand VII. den Ordensstifter Loyola zum unsichtbaren Generalcapitän der Armee und zum Großkreuz des Ordens Karls III. Und doch hat es dieser Generalkapitän nicht verhindern können, daß seine streitbare Mannschaft im Jahre 1820 aus Spanien vertrieben, und daß der Orden im Jahre 1835 aufgehoben wurde. In Irland entstanden (1825) jesuitische Ordenshäuser und Schulen, sogar in England jesuitische Erziehungsanstalten zu Stonyhurst und Hodder-House.

In Rußland fingen sie, voll Zuversicht auf die Gastfreundschaft, die sie dort gefunden, beim Adel Glaubenswerbungen für den römischen Katholicismus an. Aber dieser Angriff auf die russische Kirche schlug ihnen übel an. Da galt keine Ausflucht, keine Lüge; sie mußten 1816 Petersburg und Moskau verlassen, und als sie das heimliche Bekehren noch immer nicht aufgaben, wurden sie 1820 für ewige Zeiten aus Rußland verbannt. „Selbst einer heilsamen Duldung genießend“ heißt es in dem russischen Ukas vom 13. März 1820, „pflanzen sie in die von ihnen bethörten Gemüther eine harte Unduldsamkeit. Die Schutzwehr der Staaten, Anhänglichkeit an den Glauben der Väter, bemühen sie sich umzustürzen und so das Familienglück zu untergraben, indem sie eine verderbliche Denkverschiedenheit erregen. Alle Bestrebungen der Jesuiten sind ihren eigenen Vortheilen und der Verbreitung ihrer Macht angepaßt, und ihr Gewissen findet bei jeder widersetzlichen Handlung eine bequeme Rechtfertigung in ihren Statuten.“

Aus Rußland verbannt, flohen sie nach Oesterreich und suchten beim Kaiser Franz I. Aufnahme. Doch entrüstet wies dieser Monarch dies Ansinnen zurück und gebot ihnen, Wien sogleich zu verlassen. Aber Jesuiten wären nicht Jesuiten, wenn sie sich durch einen mißglückten Versuch abschrecken ließen, ihren Zweck zu verfolgen. Statt ihrer kamen die Ligorianer oder Redemptoristen nach Wien, erhielten in Oesterreich Aufnahme, in Wien die Kirche zu Maria-Stiegen und ein Ordenshaus; — dies ist eine Kongregation, die der Gesellschaft Jesu so ähnlich sieht wie ein Ei dem andern.

Wie unverdrossen die Jesuiten gearbeitet haben, um in der österreichischen Monarchie festen Fuß zu fassen, beweist der Umstand, daß sie nicht bloß ihr Haus in Verona haben, wie bereits erwähnt worden, sondern auch im Jahre 1839 die Leitung des Theresianums in Insbruck, das dortige Gymnasium und die Jesuitenkirche erhielten, daß sie ihre Ordenshäuser in Lemberg und Venedig haben. Alle Korporationen ihres Ordens in den deutschen und lombardisch-venezianischen Provinzen des österreichischen Kaiserstaates genießen, wie in Galizien, laut kaiserlichen Entschließungen vom 4. April und vom 11. Oktober 1842, Befreiung vom Amortisationsgesetz; doch muß nicht nur das Anerbieten zur Erwerbung eines Realvermögens durch die Jesuiten der allerhöchsten Genehmigung unterzogen, sondern auch jede Vermögenserwerbung derselben zur allerhöchsten Kenntniß gebracht werden.

In Frankreich waren sie unter der Regierung Ludwigs XVIII. und Karls X. als Missionäre und als „Väter des Glaubens" thätig, um Aberglauben und Bigotterie wieder herzustellen und überhaupt die „gute alte Zeit" der bürgerlichen und geistigen Knechtschaft zurück zu bringen. Dabei wurden sie von den Bischöfen, welche in ihrem Interesse standen und von einflußreichen Staatsmännern unterstützt, welche jene Ansicht hegten, daß die Jesuiten eine Stütze des Throns seien. Vergeblich stand da mancher Ehrenmann auf und bewies freimüthig, wie unhaltbar diese Ansicht, wie staatsgefährlich der Jesuitenorden sei. Die Stimme der Wahrheit wurde nicht angehört oder verachtet; ungestört übten die Jesuiten ihren Einfluß auf die Bischofswahlen aus; von der Regierung begünstigt, bemächtigten sie sich des Unterrichts, sie imponirten dem Hof durch ihre Scheinheiligkeit und beherrschten ihn zu ihrem eigenen Vortheil; sie bethörten den Adel, daß er seine Söhne in ihre Kollegien in der Schweiz schickte, und sie verblendeten zugleich die untersten Klassen des Volks. Es war eine jammervolle Zeit; aber der Kern des Volkes, der Mittelstand, war gesund geblieben, den hatten sie nicht verführen können; von diesem aus, wie von einem sichern Bollwerk, leiteten geistreiche Schriftsteller die Presse als furchtbares Geschütz gegen sie. In jenen heißen Julitagen des Jahres 1830 sah endlich der altersschwache König Karl X. mit seinem Jesuitenknecht Polignac zu spät ein, daß der Versuch der Völkerverdummung die Könige nicht unantastbar macht. Da hätten auch die Jesuiten erkennen sollen, daß man die Entwickelung einer Nation nicht ungestraft hindern darf. Sie sahen das Volk sich wie einen Riesen aufrichten und seine Fesseln zürnend zerbrechen; sie sahen den greisen König, welchen sie verführt hatten, als Flüchtling aus dem schönen Lande seiner Väter von dannen zieh'n; sie selber mußten den Boden, worauf sie sich noch vor Kurzem allmächtig gedünkt hatten, in wilder Eil', wie geächtete Verbrecher, verlassen und hinter sich her den tausendstimmigen Hohn des Volkes hören; ja, der Name „Jesuit" war „beim stürmischen Gedränge der Partheien" in Frankreich zu einem gemeinen Schimpfwort geworden. Solche erschütternde Lehren ertheilt die Geschichte nie umsonst; — wehe denen, welche sie verachten! Und die Jesuiten bieten der Geschichte Hohn! Was nützt es, daß der Jesuitenorden in Frankreich gesetzlich verboten ist? Die Jesuiten sind jetzt doch in Frankreich ansäßig, und, ob sie auch keine öffentlichen Kollegien, Noviziate und Erziehungshäuser darin haben, — um so mächtiger wirken sie im Stillen, aber die Früchte ihres Wirkens zeigen sich offenbar. Es verfolgt den alten Plan, das Leben des Volks in allen seinen Adern zu durchdringen und sich unterthan zu machen durch Verdummung — bei allen Namen und trotz allen Instituten politischer Freiheit, — die Geistesfreiheit zu verdächtigen, die Glaubensfreiheit zu ersticken, die Flammen des Glaubenshasses und der Verfolgung anzuschüren. Seht hin auf jenen neuesten Kampf in Frankreich, den Kampf gegen die Universitäten, gegen die Protestanten! Erkennt ihr die nachgewachsenen Häupter der alten Hydra nicht? Horcht auf jene Verfluchungen drüben in Frankreich, die von den Kanzeln herab über jeden erschallen, der an dem einen oder andern Glied der großen Jesuitenkette rüttelt, und daraus schließt, was sie in den Beichtstühlen ihren Seeleignen (und die sind schlimmer dran als Leibeigne) zuflüstern! Verhaßt, verhöhnt, verwünscht, — dennoch sind sie wieder da, und — herrschen, wenn auch nicht mehr am Hof, um so sicherer aber in den Hütten!

Wie die Jesuiten in dem Königreich der vereinigten Niederlande (Holland und Belgien) bis zum Jahre 1830 gewirkt haben, das weiß jedermann. Da mußte abermals die angebliche „Gefahr, welche der Freiheit der römisch-katholischen Kirche drohe,“ den Deckmantel hergeben zur Verhüllung der jesuitischen Umtriebe im Staatswesen. Freiheit!? Ja, wärs nur Freiheit, ächte Glaubens- und Kirchenfreiheit, aber Kirchenherrschaft ist's, was die jesuitische Parthei abermals erwirken wollte, und die Liebe der Belgier für politische Freiheit wurde von jener Parthei gar schlau für ihre eigenen Zwecke benutzt. Aber auch nach der großentheils durch die Jesuiten vorbereiteten gewaltsamen Trennung Belgiens von Holland arbeitete die jesuitisch-römische Parthei in Belgien, um ihre Herrschaft über den Volksgeist zu behaupten, unablässig darauf hin, die freie Entwickelung desselben zu hemmen, ja, wärs möglich, zu unterdrücken; und da kommt ihre Lüge, als ob sie für die Freiheit Interesse genommen hätte, nackt und schändlich an den Tag. Jenes Volksverdummungsstreben hat in Belgien den Freimaurerbund zum lebhaftesten Widerstand angespornt, zum Kampf für die Rechte der Vernunft, für die naturgemäße Entwickelung der Nation. Die jesuitische Parthei hoffte, diesen ihren Todfeind, den Maurerbund, mit leichter Mühe zu vernichten; sie schleuderte von den Kanzeln und Altären ihre Verdammungsflüche auf die Maurer; sie verschrie das Treiben derselben als gottlos. Aber was war die Folge dieser Maßregeln? Grade, daß der Freimaurerbund in den Augen jedes Vernünftigen nun erst recht zu Ehren kam. Statt, daß die Freimaurer ihrem großen Bund absagten, meldeten sich täglich zahlreiche Männer, welche das gefährliche Treiben der Jesuiten durchschauten, Männer, als edel und untadelhaft allgemein gekannt und geachtet, zur Aufnahme in den Freimaurerbund, um mit vereinigten Kräften gegen jene Parthei zu kämpfen, welche nie ein Herz für ein Vaterland haben kann. Und dieser Kampf dauert noch heutigen Tages fort. Der Freimaurerbund entfaltet von Tag zu Tag einen größeren Eifer für die heiligste Sache, die Nationalität eines so reichbegabten, kernhaften, tüchtigen, der schönsten Zukunft würdigen Volkes, wie das belgische es ist, von der Obmacht der Jesuiten zu erlösen, welche ihrerseits wieder auch kein Mittel unversucht lassen, sich derselben zu versichern, und welche ebenso eine große Ausdauer als eine unergründliche Schlauheit entwickeln. Wahrlich: dieser Kampf des guten Prinzips in Belgien gegen das böse ist einer der merkwürdigsten in der neueren Geschichte, und wir Deutsche sollten, sogar schon in unserem eigenen Interesse, nicht müßig dabei zusehen, sondern alle unsere Kräfte anspannen, um brüderlich treu dem stammverwandten Volke beizustehen. Belgier und Deutsche, auf, für ein gemeinsames Ziel! fest die Hände ineinandergeschlungen, zu kämpfen für Freiheit und Licht gegen Verknechtung und Finsterniß. Jetzt ist der Augenblick! Säumet nicht! Die Geschichte blickt auf euch!

Uebrigens — Deutsche, vergeßt das nicht! — begnügen sich die Jesuiten in Belgien nicht mit ihrem Wirken in Bezug auf dies Land allein, wiewohl dies schon verderblich genug ist. Nein, sie versuchen von dort aus auch in die nächstgelegenen deutschen Provinzen den Samen ihres Unkrauts auszustreuen.

Das thun sie auch in der Schweiz. Auch dort waren sie nach Aufhebung des Ordens immerdar im Stillen geschäftig gewesen. Nach dessen Wiederherstellung trugen sie nun dort die Stirnen kühner als irgendwo anders, und machten die Stadt Freiburg im Uechtland gleichsam zu ihrem Hauptquartier, wo sie ihre Kriegspläne entwerfen, und von wo aus sie ihre vielfach verzweigten geheimen Verbindungen in den deutschen Staaten leiten. Dort in Freiburg haben sie auch ihre Schulen — nach den alten Unterrichtsplänen — offen stehn, und so manche einflußreiche Männer aus Deutschland (so z. B. aus Baiern) und andern Ländern, welche von der Jesuitenerziehung etwas Gutes erwarten, schicken ihnen dahin ihre Söhne zu, um diese als wohlzugerichtete Ordenszöglinge zurück zu bekommen. Wie in Belgien, so suchen die Jesuiten auch in der Schweiz das Volk durch Aberglauben in geistiger und moralischer Unmündigkeit zu verstocken, und, um den Aberglauben zu erhalten, veranstalten sie prachtvolle Ceremonien, Prozessionen, Mirakel, kurz alles, was die Sinne zu blenden, die Einbildungskraft zu erhitzen und den Verstand dabei abzustumpfen dient. Sie suchen das Volk bis zum Fanatismus zu bringen, und vermischen gar schlau den religiösen mit dem politischen; so gelingt es ihnen leider, sich in die schweizerischen Staats- und Regierungsgeschäfte zu mischen, und Partheihaß und Bürgerkrieg zu erregen. Ist es nicht empörend, daß sie den Sieg der Katholiken bei Villmangen im Jahre 1656, einen Sieg, welchen Schweizer durch Bruderblut erkauften, ungeachtet des Regierungsverbots von 1789, feierten? Ist es nicht empörend, wenn man sie von Ort zu Ort herumziehen sieht wie Marktschreier, die da ihre Mittel feil bieten, um das unsterbliche Theil des Menschen, die Vernunft, die heiligste Gottesgabe, zu vergiften? Außer Freiburg hatten sie ihr Hauptquartier auch in Schwyz, in Sitten und Brieg, und nun endlich, in allerneuester Zeit, haben sie auch in Luzern nach hartem Kampf ihre Einführung ertrotzt! Um Vergeltung dampft das Schweizerblut gen Himmel, das geflossen ist, damit der Orden, der sich nach dem heiligsten Manne der Liebe, nach Jesus Christus, nennt, triumphiren könne.

In den deutschen Bundesstaaten (wenn man Tyrol abrechnet) haben es die Jesuiten, Gottlob, bis jetzt noch nicht dahin bringen können, daß selbst katholische deutsche Fürsten den Orden in ihren Ländern wieder einführten und ihm den Jugendunterricht anvertrauten; — so eifrig die Jesuiten dies auch durch ihre Bundesgenossen in „kurzen Röcken" betreiben mögen. Es wäre jammervoll, wenn es ihnen je gelingen könnte. Schlimm genug ist es schon, daß die Ligorianer in Baiern Eingang gefunden haben; aus unscheinbarem Anfang erwachsen oft die gewaltigsten Ergebnisse. Laßt den Keim nur liegen und Wurzel fassen; der Baum wird nicht nach eurem Staunen fragen! Schlimm genug, sag' ich ferner, daß der Besuch auswärtiger Jesuitenschulen den Söhnen Deutschlands nicht von Staatswegen verboten ist. Beachtet diese Mahnung, ihr deutschen Landstände; ihr seid nicht bloß der Gegenwart, sondern auch der Zukunft verantwortlich! O fände doch in allen deutschen Staaten das Beispiel des Königs Friedrich Wilhelm III. von Preußen, welcher im Jahre 1827 den Besuch auswärtiger Jesuitenschulen allen Söhnen seiner Unterthanen aufs Strengste verbot — wahrhaft zum Heil des ganzen Vaterlandes! — Beachtung und Nachahmung. Dies weise Gesetz kommt nämlich nicht etwa bloß dem Bestande des evangelischen Christenthums in Deutschland zu Gute, sondern auch den wahren Interessen des deutschen Katholicismus, welcher wahrlich groß und stark auf eignen Füßen aufrecht stehen kann, und nicht eines Gängelbandes (oder Strickes vielmehr) bedarf, das ein Mann in Rom in der Hand hält, um deutsche Köpfe zurechtzudrehen und deutsche Herzen zuzuschnüren. Die Sehnsucht der rechtschaffensten und frömmsten deutschen Katholiken nach einer katholischen deutschen Nationalkirche auf dem Grunde gleichbischöflicher Hirtenpflichten und Rechte, frei von der Oberherrschaft des Bischofs von Rom, mit der höchsten Instanz eines deutschen National-Conciliums, — ist nicht etwa der bloße Fiebertraum neuerungssüchtiger Köpfe, — nein, schon seit Jahrhunderten haben die edelsten deutschen Männer, Priester wie Laien, diesen Plan, so einfach, so naturgemäß und geschichtlich wahr er ist, gefaßt und dafür gewirkt. Auch ist's schon oft nahe daran gewesen, daß derselbe verwirklicht werde, — aber leider ist es stets wieder durch welsche List vereitelt worden. Diese Idee nun einer „freien deutschen katholischen Kirche“, welche in der Gegenwart abermals zur Sprache kam, diese Idee ist natürlich den Jesuiten, deren Interesse zu enge mit dem des römischen Hofes zusammenhängt, ein Gräuel, sie verketzern und verdächtigen sie als gottlos, ohne dabei zu bedenken, daß in Deutschland heut zu Tag schon die Jugend weiß, wie die ganze Lehre vom Primat des Papstes bloß auf einer Lüge beruht. Aber die Jesuiten thun noch mehr, als nur die deutsche Nationalkirche verdächtigen. Sie wissen gar wohl, daß, wenn sich eine deutsche katholische Nationalkirche bildet, Religion und Staat sich immer inniger verbinden, Fürsten und Volk immer mehr, eins durchs andre, erstarken werden. Da suchen nun die Jesuiten jene alte Anmaßung, an die längst kein vernünftiger Mensch mehr dachte, wieder aufzurichten, und lehren sowohl öffentlich, wo sie's nämlich können, als auch umsomehr insgeheim: „der Papst steht über aller weltlichen Fürstenmacht.“

Mit dieser zweideutigen Lehre, welche das Geistliche vor das Weltliche schiebt, und doch beides vermischt, hängen natürlicherweise noch viele andre staatsgefährliche Grundsätze zusammen; diese Lehre ist wie die Spinne, die inmitten ihres Gewebes sitzt, und bald dahin bald dorthin hervorschießt, neue Fäden anspinnt, neue Opfer holt. In neuester Zeit haben es die Jesuiten auf alle mögliche Weise versucht, sich im Münsterland und in Rheinpreußen einzuschleichen; sie rechneten dabei auf die fromme Gläubigkeit der dortigen katholischen Bevölkerung; sie suchten diese zum Glaubenshasse gegen alle Protestanten aufzureizen und eiferten deshalb gegen die sogenannten „gemischten Ehen"; jenem Geist des Friedens, der Versöhnung und der Liebe so ganz zuwider, welchen der erhabene Stifter des Christenthums predigte, verfluchen sie die gemischten Ehen und die Kinder aus solchen als Bastarde. Zur selben Zeit geschahen gerade in den entgegengesetzten äußersten Provinzen der preußischen Monarchie gleiche Versuche gegen gemischte Ehen, gegen Gemeinschaft der Katholiken mit den Protestanten. Wer sieht nicht den Zusammenhang dieser Fäden zu einem Gewebe? Zur Erreichung ihres Zweckes wollten die Jesuiten auch die **Zeitungen** benutzen, dieses wichtige Mittel, auf's Volk Einfluß auszuüben. Und wirklich erhoben sich bald hier bald dort, bald leise bald keck, die Stimmen der Unbekannten in den Zeitungen, um das geheime Treiben der jesuitisch-hierarchischen Parthei zu rechtfertigen, zu beschönigen und deren Gegner verhaßt zu machen; — da ward keine Lüge gespart, und fort und fort geschieht das noch oft mit eiserner Stirn; wer die Stimme für Licht und Wahrheit gegen Finsterniß und Aberglauben, für die Ehre und Unabhängigkeit der Nation gegen Rom und den Jesuitenorden erhebt, der wird verdächtigt, gegen den wird der weltliche Arm aufgerufen; o, die Jesuiten wissen gar wohl, wie viel ihrer Affiliirten und weltlichen Koadjutoren sie in Deutschland haben, um die weltliche Macht hie und da zu ihren Gunsten bewegen zu können. Aber, wie sich auch die Lüge schlangengleich drehen und winden mag, um sich durch irgend eine unverwahrte Ritze einzuschleichen, und ob auch die Lüge oft schon triumphirt zu haben glaubt, vor der **einfachen Wahrheit** kann sie für die

Dauer doch nicht bestehen, und darin liegt das Große, das Erhabene der Preßfreiheit, daß durch sie vor den Augen des ganzen Volkes (und Tausende von Augen sehen doch gewiß mehr als oft nur ein paar) dem unehrlichen Kämpfer die vergiftete Waffe aus der Hand, das Visir vom Haupte gerissen wird, daß ein ganzes Volk sich dann selbst überzeugen kann, was Wahrheit, was Lüge ist. Und nicht das, was zu glauben befohlen wird, — nur das kann man glauben, wovon man sich selbst überzeugt; seiner Ueberzeugung nach aber handelt ein Ehrenmann stets freudiger und besser, als nach allen Machtgeboten der Welt.

Da komme ich wieder auf das Werk einer freien deutschen katholischen Kirche zurück. Ich kann nicht anders; ich möchte als Wächter auf der Warte stehen und es in jeder Stunde des Tags und der Nacht allen deutschen Herzen zurufen: „Fürsten und Volk, Priester und Laien, an's Werk! Schützt, ihr Fürsten, die gerechte, die heilige Sache; zumal ihr, protestantische Fürsten, gönnt den Sprechern und Werkmeistern ein Asyl, schützt die katholischen Gemeinden, die sich von Rom lossagen, erkennt in allem Streben der deutschen Katholiken nach jenem Ziele hin, die dringende Nothwendigkeit eines gesunden, freudigen, ehrenvollen Daseins. Ihr katholischen Priester und Laien Deutschlands, reicht euch die Hand zum Bunde, ohne Menschenfurcht; dem Muthigen für eine gerechte Sache steht Gott bei, und dies Deutschland, dieser Boden der Freiheit und Treue, soll nicht länger von Verknechtung durch Jesuiten und Römlinge entweiht werden. Predigt, ihr Priester, die freie katholische Kirche euren Gemeinden; steht unerschrocken für solche Prediger und Priester, ihr katholischen Gemeinden! Ihr evangelischen Brüder aber bildet die feste Wand um diesen Kampfplatz, auf dem die deutschen Katholiken stehen, die lebendige Mauer, die kein Jesuit und Römling durchbreche, um zu jenen hinanzudringen. So, wenn die deutschen Katholiken von Rom unabhängig geworden, wird der große Tag des Friedens über einem einigen Deutschland aufgehen; und sei's nach härtesten Mühen, ein freies Dasein, die Ehre und Sittlichkeit einer Nation sind solcher Mühen werth. Noch gilts, vor diesen

Mühen nicht zurückzubeben. Noch schleichen die Jesuiten im Finstern, schaffen, flüstern und verführen, wollen um des Ordensvortheils willen das Familienglück zerstören, das wechselseitige Vertrauen zwischen Fürsten und Unterthanen vergiften, die Sicherheit der Staaten untergraben. Wache und handle, deutsches Volk, daß sie an der deutschen Treue, mit aller ihrer Gewandtheit, mit aller ihrer List, dennoch scheitern müssen! O daß diese deutsche Treue, und daß deutsche Wahrheitsliebe, deutsche Bildung und Wissenschaft immerdar als fester Wall das ganze heilige Vaterland beschirmen mögen! Das wünscht Einer, der es von Grund des Herzens liebt.

Inhalt.